Michael Hoyer

Unbefangene Beobachtungen an Bachs Weihnachtsoratorium

Kunst-, Musik- und Theaterwissenschaften, Band 10

Michael Hoyer

Unbefangene Beobachtungen an Bachs Weihnachtsoratorium

Frank & Timme
Verlag für wissenschaftliche Literatur

Umschlagabbildung: Johann Sebastian Bach, Weihnachts-Oratorium, Autograph der ersten Seite des ersten Teils BMV 248, Staatsbibliothek zu Berlin, Mus.ms. Bach P32 (Wikimedia Commons, 2011).

ISBN 978-3-86596-390-1
ISSN 1862-6114

Herstellung durch das atelier eilenberger, Taucha bei Leipzig.
Printed in Germany.
Gedruckt auf säurefreiem, alterungsbeständigem Papier.

www.frank-timme.de

Inhaltsverzeichnis

Vorwort 7

Allgemeines 11

Analyse und Auslegung 13

Die großformale Anlage 13
Erste Kantate: „Jauchzet, frohlocket“ 15
Zweite Kantate: „Und es waren Hirten in derselben Gegend“ 17
Dritte Kantate: „Herrscher des Himmels, erhöre das Lallen“ 20
Vierte Kantate: „Fallt mit Danken, fallt mit Loben“ 23
Fünfte Kantate: „Ehre sei dir, Gott, gesungen“ 27
Sechste Kantate: „Herr, wenn die stolzen Feinde schnauben“ 43

Die Rezitative des Evangelisten 59

Vorbemerkung 59
Nr. 2: „Es begab sich aber zu der Zeit“ 64
Nr. 6: „Und sie gebar ihren ersten Sohn“ 72
Nr. 11: „Und es waren Hirten in derselben Gegend“ 74
Nr. 13: „Und der Engel sprach zu ihnen“ 76
Nr. 16 und Nr. 20: „Und das habt zum Zeichen“ / „Und alsobald war da bei dem Engel“ 79
Nr. 30: „Und sie kamen eilend“ 81
Nr. 34: „Und die Hirten kehrten wieder um“ 83
Nr. 37: „Und da acht Tage um waren“ 84
Nr. 44: „Da Jesus geboren war zu Bethlehem“ 86
Nr. 48: „Da das der König Herodes hörte“ 87
Nr. 50: „Und ließ versammeln alle Hohenpriester“ 89
Nr. 55: „Da berief Herodes die Weisen heimlich“ 92
Nr. 58: „Da sie nun den König gehöret hatten, zogen sie hin“ 94
Nr. 60: „Und Gott befahl ihnen im Traum“ 98

Vorwort

„Sintemal sich's viele unterwunden haben ..." Mit weit größerem Recht noch als der Bericht des Lukas über das Leben, Wirken und Sterben des Jesus von Nazareth hätte heute ein Buch über Bachs Weihnachtsoratorium mit diesem unbekümmert den Gegengrund als Begründung in Anspruch nehmenden Paradoxon zu beginnen: viele haben diese Arbeit bereits geleistet, darum nun also auch ich. In der Tat könnte das Verzeichnis der Einlassungen zu diesem Werk gut und gerne einen eigenen Band füllen, und die Frage erscheint berechtigt, ob nicht eine strukturierende Sichtung alles dessen, was dazu bereits geschrieben wurde, dem Erkenntnisfortschritt dienlicher wäre als seine weitere Vermehrung. Ist nicht alles gesagt, was zu diesem Gegenstand gesagt werden kann?

Natürlich liegt dem Entschluß, eine Aufgabe, der sich schon zahlreiche andere gestellt haben, noch einmal in Angriff zu nehmen, die Überzeugung zugrunde, sie sei bislang noch nicht vollständig oder nicht in befriedigender Weise erledigt worden, und seine Verwirklichung hat dem Anspruch zu genügen, diesen Mangel ganz oder wenigstens teilweise zu beheben. Ob mir letzteres mit meinem Beitrag gelungen ist, muß die Rezeptionsgeschichte erweisen. Seine Herangehensweise ist jedenfalls so ungewöhnlich, daß sie vielen geradezu anstößig erscheinen mag, und besteht darin, durch eine von den historischen Zusammenhängen weitgehend abstrahierende Betrachtung ihres Gegenstands den historischen Sachverhalt überhaupt erst neu zu rekonstruieren, dessen die gängige Annäherung heute, wie sie besonders beredt in der Aufführungspraxis zutagetritt, meines Erachtens sich allzu sicher wähnt. Bachs Werk aus seinen geschichtlichen Zusammenhängen und gleichsam als bedingtes verstehen zu wollen, ist ja weder vernünftiger noch erfolgversprechender, als seine Epoche aus dem Schaffen Bachs zu verstehen; jenes denkt den Einzelnen immer schon als ein Produkt der ihn umgebenden geschichtlichen Faktoren, dieses nimmt ihn zum Repräsentanten von Verhältnissen, von denen es gar keine unabhängige Kenntnis besitzt. Wenn aber das Gemälde eines herausragenden Malers nur bruchstückhaft auf uns gekommen ist, so könnte es sein, daß der Restaurator, der es gemäß dem Stile seiner Zeitgenossen ergänzt, seinem Schöpfer Unrecht tut.

Ein handgreifliches Beispiel mag die Problematik veranschaulichen: Es versteht sich, daß die korrekte Dechiffrierung eines Notentexts eine zuverlässige Kenntnis der Bedeutung der verwendeten Schriftzeichen voraussetzt, und um sich einer solchen zu vergewissern, scheint es geboten, sofern der Autor sein Werk nicht mit einer erschöpfenden Dechiffrierungstabelle ausgestattet hat, eine allgemeine, den verbindlichen Standard widerspiegelnde Grundlage aufzusuchen. Angenommen nun, eine solche sei in Gestalt verschiedener zeitgenössischer Lehrschriften, Berichte von Musikaufführungen und verstreuter Anmerkungen anderer Komponisten verfügbar und sie äußere sich z. B. bezüglich der Frage der Ausführung punktierter Notenwerte mit nachfolgendem Bruchteilwert in triolischer Grundbewegung dahingehend, daß die nominell quartolische, also dem Verhältnis 3:1 gehorchende Proportion an das triolische Metrum anzugleichen und also entsprechend dem Verhältnis 2:1 zu interpretieren sei; so ist der Betrachter, der keine weitergehenden Erkenntnisse auffinden kann, darauf zurückgeworfen, diese allgemeine Bestimmung bei seiner Aneignung eines ihm vorliegenden Notentexts zugrundezulegen, obwohl er streng genommen nicht wissen kann, ob der Autor genau dieses Textes mit jener allgemeinen Auffassung konform ging. Weist hingegen sein Notentext Notierungsformen auf, aus denen ein entschlossenes Bemühen des Autors um eine Differenzierung triolischer und quartolischer Proportionen ersichtlich ist (Bach macht z. B. verschiedentlich von der Möglichkeit Gebrauch, gleichzeitig erklingende Stimmen in unterschiedlichen Taktarten zu notieren, also etwa die Solostimme im 12/8-, die Orchesterstimmen aber im 4/4-Takt oder umgekehrt[1]), so ist zumindest für diesen Fall die Geltung der allgemeinen Regel als widerlegt zu erachten, und es wirft sich, davon ausgehend, die Frage auf, für wie verbindlich sie, einmal durchbrochen, in allen anderen dann noch soll angesehen werden dürfen. Das Einzelne, obschon es sich niemals vorausset-

1 Siehe etwa die Choralbearbeitungen Nr. 3 aus Kantate BWV 37 und Nr. 6 aus BWV 105 sowie Nr. 6 aus BWV 147 oder die Tenorarie aus BWV 7. Noch unmißverständlicher verfahren das G-Dur-Präludium aus dem ersten Band des Wohltemperierten Klaviers und die 26. der Goldbergvariationen. Eine Studie, die sich unvoreingenommen der höchst erfinderischen Notationspraxis Bachs auf diesem Gebiet widmete, käme dem Willen des Komponisten gewiß zuverlässiger auf die Spur als der Rekurs auf zeitgenössische Gewohnheit.

zungslos versteht, kann Momente enthalten, welche zu einer Revision der Voraussetzungen seines Verständnisses zwingen.

Dem Grundsatz nach hätte eine so ambitionierte Revision die Resultate bisheriger Forschung natürlich zu sichten, zu diskutieren und gegebenenfalls zu widerlegen. Wenn dies in diesem Bändchen nicht geschieht, so zum einen, weil ein solches Vorgehen angesichts der Menge an Untersuchungen und Betrachtungen, die zu Bachs Weihnachtsoratorium vorliegen, ein zentnerschweres Agglomerat von Detailauseinandersetzungen hervorbrächte, dessen Lektüre für die Liebhaber der bachschen Musik, aber auch für Kirchenmusiker oder Theologen wenig ersprießlich wäre. Diese aber sind es, welche den intensivsten Umgang mit dem kirchenmusikalischen Schaffen Bachs pflegen und denen ein veränderter Blick darauf und ein Aufweis bislang wenig beachteter oder verkannter Aspekte Anstoß und Gegenstand einer erneuerten geistigen Beschäftigung mit ihm sein kann. Zum anderen fesselt selbst noch der Widerspruch gegen eine bestehende Auffassung seinen Autor an die Fragestellung seines Vorgängers und hält auf diese Weise den Geist auf vorgebahnter Spur; unversehens findet sich da die zeitliche Avantgarde zur Nachhut der Geschichte abgestellt. Gewiß begibt sich eine vom Fundament des Überkommenen sich ablösende Betrachtung mutwillig auf ungesichertes Terrain. Sie mag mehr neue Irrtümer begehen, als sie alte hinter sich läßt – aber wenn es ihr gelingt, die geistige Auseinandersetzung mit diesem unerschöpflichen Werk mit frischer Nahrung zu versorgen und anstelle des konservatorischen Gesichtspunkts wieder stärker die Frage nach der Aussage in den Mittelpunkt zu rücken, so mögen Irrtümer verstattet sein.

Die einzige Quelle, die meinen Ausführungen, welche der Leser nach dem Vorgesagten als einen Essay anzusehen geneigt sein dürfte, durchgehend zugrunde liegt, ist die Partitur der Komposition. Sie ist der erste und letzte Bezugspunkt aller Beobachtungen und Überlegungen. Da ich inhaltliche Deutungen fast immer an kompositorische Sachverhalte und deren sorgfältige Analyse anknüpfe, ist für eine fruchtbare Lektüre die Heranziehung des vollständigen Notentextes unerläßlich; eine Partitur leistet dabei ergiebigere Dienste als ein bloßer Klavierauszug, doch kann im Notfall auch dieser ein Stück weiterhelfen. Abzuraten ist hingegen von der Möglichkeit, sich die erforderliche Vertrautheit mit der Komposition auf akustischem Wege, also etwa durch das Abhören von Rundfunk- oder CD-Aufnahmen, anzueignen, da freilich jede Wiedergabe immer schon Interpretation ist und von den mannigfaltigen Facetten der Komposition die allermeisten zugunsten weniger ausblenden muß. Allenfalls eine breite Sichtung vorhandener Einspielungen, die neben rezenten etwa auch Produktionen aus den fünfziger und sechziger Jahren des letzten Jahrhunderts heranzieht, könnte hier angezeigt sein. – Unverzichtbar ist für die Beschreibung kompositorischer Sachverhalte der Gebrauch musiktheoretischer Begriffe, deren Kenntnis daher vorausgesetzt wird. Daneben gelangen, besonders im Zusammenhang der Ausführungen über die Rezitative, auch einige poetologische und sprachwissenschaftliche Grundbegriffe zur Anwendung. Gerade weil für die Tragfähigkeit semantischer Überlegungen eine akkurate Bestimmung der kompositorischen Faktur und ihres Verhältnisses zu ihrer dichterischen Vorlage von entscheidender Bedeutung ist, ist diesbezüglich die Heranziehung entsprechender Handbücher im Bedarfsfall anzuraten.

Die Ausführungen zu den Kantaten 1–4 entstanden als Beigabe zum Programmheft einer von mir geleiteten Aufführung, die im Dezember 2008 stattfand. Sie veranlaßten vor einem Dreivierteljahr Frau Prof. Elke Axmacher, mit der ich durch verschiedene gemeinsame Veranstaltungen zu theologisch-musikalischen Themen verbunden bin, mir die Komplettierung der Schrift durch entsprechende Analysen zur fünften und sechsten Kantate und ihre anschließende Veröffentlichung nahezulegen. Diese gerieten, dem veränderten Anlaß entsprechend, um einiges eingehender, können aber auf diese Weise eine Vorstellung vom Zustandekommen der Aussagen zu den vier vorausliegenden Teilen erwecken, die, der gedrängteren Darstellung wegen, hier und dort vielleicht von argwohnerregendem Dunkel verhüllt ist. Die gesonderte Behandlung der Rezitative wiederum war mir ein persönliches Anliegen, weil ich in dem laxen, ja nicht selten mutwilligen und selbstgefälligen Umgang, den die heutige Aufführungsgewohnheit mit ihnen treibt, einen eklatanten Widerspruch gegen die Akribie erblicke, mit welcher Bach erweislich auch diese Teile seiner Komposition bedacht hat.

Bielefeld, im August 2011 *Michael Hoyer*

Allgemeines

Bachs Weihnachtsoratorium ist seine späteste der uns erhaltenen Oratoriumskompositionen. Daß Bach sich bei der Abfassung großer kirchenmusikalischer Werke zunächst der Passionsgeschichte zuwandte, mag seine Erklärung darin finden, daß das Weihnachtsgeschehen dem der Leidensgeschichte an Ereignishaftigkeit bei weitem nachsteht und daher als Gegenstand musikalisch-darstellerischer Behandlung weniger geeignet erscheinen muß. Während die Berichte der Evangelisten über die Ereignisse im Zusammenhange des Todes jenes Jesus von Nazareth weitgehend historiographische Züge an sich tragen, indem sie von Zusammenkünften und Sitzungen, Verhören und Urteilen, von aufgewiegelten Volksmassen, römischen Besatzungssoldaten und einer öffentlichen Hinrichtung Zeugnis ablegen, waltet in der biblischen Überlieferung der Umstände seiner Geburt weit mehr eine Aura des Mysteriums. Zwar gibt es auch hier Ereignisse, wie etwa die von Augustus angeordnete Volkszählung oder die Niederkunft der Schwangeren in einem Stall, deren Mitteilung in den Aufgabenbereich des Chronisten fallen; aber der Engel, welcher dem jungen Mädchen, die nach eigenem Bekunden „von keinem Manne weiß", die Geburt eines Sohnes ankündigt, die Botschaft der himmlischen Heerscharen an die Hirten oder der Stern über dem Stall von Bethlehem, der die morgenländischen Magiern zu dem Geburtsort leitet, gehören nicht unter die Vorkommnisse, die in römischen Annalen oder in den Aufzeichnungen eines Vergil vermerkt worden wären. Der Eintritt des Gottessohnes in die Welt ist von wunderbaren Fingerzeigen begleitet, deren rätselhafte, erst noch zu entziffernde Bedeutung das anders kaum erwähnenswerte Ereignis der Geburt eines Kindes zu epochaler, weltbewegender Würde erhebt.

Die geringere Dichte und Dramatik, welche die Christgeburt gegenüber dem Leiden und Sterben Jesu charakterisiert, schlägt sich in Bachs Weihnachtsoratorium zunächst als ein quantitatives Zurücktreten der Evangeliumsvertonung nieder, dem ein entsprechendes Vordringen betrachtender und kommentierender Elemente gegenübersteht. Nur vereinzelt überschreiten die Rezitative des Evangelisten den Umfang weniger Takte, und mit Ausnahme einer knappen Engelsbotschaft, der lapidaren Reaktion der Hirten und einer kurzen Stellungnahme des Herodes gegenüber den Weisen gibt es im ganzen Weihnachtsoratorium keine direkte Rede der handelnden Personen. Sind die Passionen zumindest streckenweise ganz vom biblischen Geschehen her bestimmt, so ist daher das Weihnachtsoratorium eher vom biblischen Bericht wie von einer Arterie durchzogen, die seinen Organismus zwar mit Nahrung versorgt, selbst aber als kein besonders bedeutendes Moment seines Baues hervortritt. Das Zurücktreten der Handlung zieht aber zugleich eine weniger handlungsbezogene, d. h. weniger teilnehmende Ausformung der kommentierenden Teile nach sich. Gerade in den großen Chorsätzen herrscht ein nicht weiter präzisierter Gestus jubilierender Feierlichkeit vor, der kaum irgendeine genauere inhaltliche Zuordnung zu erkennen gibt und sein musikalisches Gepränge ebensogut dem Oster- oder dem Pfingstfest würde leihen können. Aber auch die Arien sind viel weniger in das Geschehen hineingezogen oder an ihm gespeist, als dies etwa in der Matthäus- oder der Johannespassion der Fall ist. Den lebhaften Einspruch, wie ihn „Ach, mein Sinn" oder „Erbarm es Gott" vorbringen, aber auch den beseligten Gleichklang des „Mache dich, mein Herze, rein", sucht man im Weihnachtsoratorium vergeblich, sein Bewußtseinszustand ist kaum je der miterlebende Nachvollzug als vielmehr der Gottesdienst, der sich Ereignis und Bedeutung der Menschgeburt des Gottessohnes reflektierend vor Augen führt. Noch die innigste Arie des Werkes, „Schließe, mein Herze" aus der dritten Kantate, ist eine Aufforderung des Subjekts an sich selber, sich Gehalt und Tragweite des Weihnachtsereignisses in adäquater Weise anzueignen, und wahrt damit die Distanz des reflektierenden Betrachters, die dem Weihnachtsoratorium generell zu eigen ist. Das neugeborene Kind in der Krippe, dieses sprachlose, noch ganz unbeschriebene Blatt, bietet der mitfühlenden, miterlebenden, mitdenkenden Aneignung, wie sie dem leidenden Jesus zuteil wird, kaum einen Ansatzpunkt – es ist als Mensch verwechselbar, als Gott unbegreiflich. Daß Gott Mensch wird, ist eben in hervorragendem Maße ein theologisches Ereignis, während der Tod des Menschgeborenen kraft des von ihm zurückgelegten Lebens weit stärker ein menschliches ist.

Analyse und Auslegung

Die großformale Anlage

Das Weihnachtsoratorium gliedert sich in sechs Kantaten, welche, von der Wanderschaft Marias und Josephs nach Bethlehem bis zur Heimreise der Weisen, die unterschiedlichen Abschnitte der Weihnachtsgeschichte zum Gegenstand haben und den entsprechenden Festtagen zugeordnet sind. Der äußeren Anlage nach gleichen sie weitgehend jenen Kantaten, die Bach für den allsonntäglichen Gottesdienstgebrauch komponierte, nur daß sie den Text der biblischen Lektion, auf den sich diese gewöhnlich nur beziehen, zu einem Teil des musikalischen Vortrags machen. Eröffnet wird jede Kantate, mit Ausnahme der zweiten, von einem vierstimmigen, in einen aufwendigen Orchestersatz eingebetteten Eingangschor, an den sich, vom Evangeliumsvortrag subtil durchschlungen, eine lose Folge von Rezitativen und Arien anschließt, die in einen meist mit Orchestereinschüben dekorativ verbreiterten Schlußchoral münden. Wie in den Sonntagskantaten auch, beträgt die Zahl der Ariensätze meistens zwei, selten drei, fast alle Rezitative verhalten sich zu ihnen als gedankliche und musikalische Hinführung und besitzen nur in Ausnahmefällen selbständige Funktion. Hie und da sind in den Kantatenablauf zusätzliche Choralstrophen eingebaut, welche die betrachtende oder reflektierende Gedankenbewegung der Arien ergänzen.

Obwohl das Weihnachtsoratorium als eine Folge mehrerer Einzelwerke angelegt und auch in dieser Form, verteilt auf sechs Aufführungstage, zum ersten Mal erklungen ist, lassen sich an ihm Anzeichen einer Gesamtkonzeption erkennen, die es uns gestatten, weiterhin von einem einheitlichen Werk auszugehen. Auffällig ist hier zunächst, daß drei der sechs Kantaten: die erste, die dritte und die sechste, in der Tonart D-Dur stehen, während die auf G-Dur fußende zweite und die in A-Dur stehende fünfte die unmittelbaren systematischen Nachbarn jener Haupttonart herbeiziehen. Bis dahin verläuft die großharmonische Bewegung nach dem Modell einer Sinuskurve: vom Nullpunkt sich erst zur Unterquinte wendend und dann, erneut den Nullpunkt durchmessend, über die Oberquinte in ihn zurückkehrend. Allein die vierte Kantate fügt sich mit ihrem verhältnismäßig weit entfernten F-Dur, das keinen einzigen Akkord mit D-Dur gemeinsam besitzt, nicht diesem Muster, nimmt allerdings auch inhaltlich durch ihre Konzentration auf den Akt der Namensgebung und die weit ausholenden, mystisch gefärbten Überlegungen, die der Textdichter daran anknüpft, eine Sonderstellung ein. Unter dem Gesichtspunkt der Tonartendisposition weist das Weihnachtsoratorium also gewisse Ähnlichkeiten mit großformalen Anlagen der klassischen, stärker noch der romantischen Instrumentalmusik auf, indem er eine tonale Achse etabliert, die nicht mit ihr übereinstimmenden Elemente um sie herumgruppiert und einem einzelnen, ziemlich tief im Inneren des Werks gelegenen Satz den Status einer fremdländischen Enklave zuteilt. Unterstrichen wird dieser Aufbau durch die Instrumentation, die, neben Streichern und Oboen, für die D-Dur-Kantaten die Mitwirkung dreier Trompeten, für die F-Dur-Kantate aber die zweier Hörner vorsieht und damit sowohl den Gesamtzusammenhang des Werks als auch die Sonderstellung der vierten Kantate auf klangfarblicher Ebene bestätigt.

Erste Kantate: „Jauchzet, frohlocket"

Die erste Kantate umfasst den geschichtlichen Abschnitt vom Aufbruch Marias und Josephs aus Nazareth „in das jüdische Land" bis zur Niederkunft der jungen Frau in einem notdürftigen Nachtlager in der Nähe Bethlehems. Wo das Evangelium nur einen unspektakulären, ja trockenen Chronistenbericht über die Modalitäten der augusteischen Volkszählung und die Fährnisse liefert, in die das unvertraute junge Paar durch sie geriet, entfesselt Bachs Oratorium die heftigsten Kontraste, indem es die unterschiedlichsten Arten ausmalt, sich zu dem berichteten Ereignis zu verhalten. Der **Eingangschor** hat gewissermaßen noch den Aufruf des Psalmisten im Ohr, die Tore weit zu machen, und feiert unbefangen den Einzug des Königs der Ehren. Mit Pauken und Trompeten bereitet er dem Herrn der Herrlichkeit einen Empfang, der an den bescheidenen irdischen Kräften gemessen als überaus würdig zu bezeichnen ist. In seiner ausladenden Sechsteiligkeit und ausgestattet mit dem gleißenden Instrumentarium des höfischen Orchesters, dazu durch seine Faktur als ein Produkt von höchster Kunstfertigkeit ausgewiesen, präsentiert sich der Satz trotz der leeren Jubelpoesie des Textes als prachtvolles Portal, das dem Einzug des Triumphators einen angemessenen Rahmen bereitstellt.

Einen verwandten Ton scheint die **Baßarie (Nr. 8)** anzuschlagen, die Gott als großen Herrn und starken König anspricht und deren auftrumpfende Dreiklangsmelodik, vom Gepränge der Solotrompete noch unterstrichen, in der Tat am Habitus absolutistischer Fürstenhöfe gespeist ist. Bach hat allerdings, indem er Trompete und Streicher die herrische Melodiebewegung nicht gleichzeitig, sondern zeitlich um ein Achtel versetzt vortragen läßt, dem Klangbild eine irritierende Brechung beigebracht, deren Spiegelungscharakter ein Bewußtsein von der Brüchigkeit irdischer Herrschaftsausübung transportiert. Weil jener, „der die ganze Welt erhält", sich entschlossen hat, mit Stall und Krippe vorlieb zu nehmen, erweist sich der prachtvolle Auftritt der geborgten Macht des Menschen als inkonsistent.

Die dem Verherrlichungsgebaren des Eingangschores wirklich radikal entgegengesetzte Haltung indessen nimmt die folgende, Paul Gerhardts Adventslied „Wie soll ich dich empfangen" entnommene **Choralstophe** ein, die, eigentlich fast unscheinbar, durch ihren Ort genau in der Mitte der Kantate (Nr. 5), im buchstäblichen Sinne das Zentrum ihrer Anlage ausmacht. Den Jubelchören des Eingangssatzes wäre es niemals in den Sinn gekommen, die Frage aufzuwerfen, wie denn ein angemessener Empfang für den Gottessohn auszusehen hätte; ihr Verhalten nährt sich aus der Gewißheit, daß Gott der Herr der Herren ist und die Aufwartung, die ihm zuteil werden muß, folglich nur in der größtmöglichen Steigerung jener Zeremonie zu bestehen habe, die Fürst und König zu beanspruchen pflegen. Hier aber, im Choral, wird sich das Subjekt der Tatsache inne, Wunsch und Willen jenes als größten vorgestellten, in Wahrheit jedoch ganz inkommensurablen Herrschers gar nicht zu kennen und daher eines Winkes zu bedürfen, durch welchen ihn dieser von seinen Präferenzen unterrichtet. Bach hat die Choralweise in eine ungewöhnlich tiefe Lage gesetzt und überdies ihre phrygische Melodie in eine molltonartliche Harmonik einbeschrieben, so daß der Gesang fast zwangsläufig nur halblaut und gleichsam immerfort auf dem Rückzug, die Schlußwendung aber harmonisch unabgeschlossen und daher im ungestillten Zweifel verharrend erscheint. Wer sich so fragt, weiß nicht vorab schon, was Gottes Einzug auf der Erde für die Menschheit bedeutet, er weiß nur, daß für ihn jenes Licht der Welt vorläufig in unermeßliche Finsternis gehüllt ist – und er ist gewärtig, daß der Stallgeborene gar in Sack und Asche die ihm angemessene Festtagsbekleidung erblicken könnte.

Zweite Kantate: „Und es waren Hirten in derselben Gegend“

Mit der zweiten Kantate wendet sich der Blick des biblischen Berichts von Kind und Eltern ab, um das im Umfeld jener Geburt sich Zutragende zu sichten und seinen Bezug auf diese zu beleuchten. Bis dahin geht, dem Wortlaut des Lukasevangeliums zufolge, von dem Zurweltkommen des Knaben Jesus, trotz einiger es begleitender Auffälligkeiten, keinerlei Hinweis auf die im Wortsinne himmelstürzende Bedeutung des Ereignisses aus. Nun aber vollzieht sich mit der Verlautbarung der Engelsbotschaft an die Hirten die erste christliche Heilsverkündigung und damit der Ursprung von Evangelium überhaupt. Hirten, ungebildeten Landleuten, aber zugleich eben auch Menschen, welche die Nacht mit dem Ohr auf der Erde und unterm Angesicht des offenen Himmels zubringen, ist es gegeben, zuerst den Gedanken von der Geburt des Heilands zu fassen. Sie sind offen für die Rede der Boten Gottes, die sich freilich in keiner steinernen Tafel, in keinem Schriftstück, ja überhaupt in keinem belastbaren Zeugnis materialisiert und die daher ursprünglich göttliches Wort aus menschlichem Munde ist. Die zweite Kantate ist aus diesem Grunde die, in welcher die Spiritualität ihren Ort hat.

Die unübertreffliche Intelligenz Bachs als Vertoner zeigt sich sofort, indem er mit der einleitenden Sinfonia, der sogenannten **Hirtenmusik**, der soeben dargestellten Funktion des zu bearbeitenden biblischen Textabschnitts Rechnung trägt, noch ehe ein einziges Wort gefallen ist. Gewiß mögen barocke Dichtung und Malerei, die schon seit längerem dazu übergegangen waren, die ungehobelten Viehhüter der Antike zu unbeschwerten, seligen Bewohnern eines Idylls zu verklären, dem Zeitgenossen Bachs eine bequem zu beschreitende Brücke zu der Idee einer vom Geist Gottes inspirierten Hirtenschar errichtet haben; und doch genügt ein Seitenblick auf das Pendant in Händels *Messias*, um zu erkennen, daß auch ein großer Komponist sich an dieser Stelle noch mit Folklore zufrieden geben konnte. Bachs Hirtenmusik ist von allen genrehaften Zügen frei. Sie führt den Zuhörer nicht in die Einöde zur pittoresken Gesellschaft der rauhen Männer inmitten ihrer Herden, sondern verschafft ihm eine Begegnung mit Menschen, die durch den Geist Gottes bereits verwandelt, nämlich neu geboren sind. Immerhin wird es im Evangelium der dritten Kantate von ihnen heißen, im Stall eingetroffen „breiteten sie das Wort aus, welches zu ihnen von diesem Kind gesaget war“. Hier also hat auch das

Lukasevangelium sein *Im Anfang war das Wort.* Bachs wache theologische Intelligenz hat treffsicher den eschatologischen Umschlag musikalisch auf einen Zeitpunkt verlegt, wo der Engel seinen Mund noch gar nicht aufgetan hat, und an den Beginn seiner Kantate eine Sinfonia gestellt, welcher, wie gar nicht wenigen Kompositionen dieses am meisten himmelsangesichtigen unter allen Musikern, die musikalische Evokation einer irdischen Vorwegnahme des Paradieses gelingt, die, seligkeitsgesättigt und dennoch schmerzverhaftet, zwischen Erfüllung und Verheißung die genaue Waage hält.

So vorbereitet, ist der Zuhörer davor gefeit, den folgenden Auftritt von Engeln, himmlischen Heerscharen und durch deren Licht zuerst geblendeten, dann hellsichtig gewordenen Hirten als eine Abschweifung des Berichts auf das Terrain der Fabel mißzudeuten, und vermag stattdessen, der Verwandlung nachspürend, die Bachs Sinfonia an ihm selber verübte, die Begebenheit zwischen den Engeln und den Hirten als Chiffre der Transformation zu begreifen, durch die der Geist jene einfachen Menschen sich zu Botschaftern der christlichen Wendung der Heilsgeschichte zurichtete. Sein Sinn mag dann auch erschlossen sein für den kühnen Gedanken, der Bach bewog, in der **Altarie (Nr. 19)** den kleinen Jesusknaben nicht als Spender, sondern als Empfänger jener Vorahnung der himmlischen Seligkeit erscheinen zu lassen, welche sich den Hirten zuvor schon mitteilte. Das „Lied zur Ruhe", das eine ungenannte, durch das vorausgehende Rezitativ aber eindeutig dem Kreis der Hirten zugewiesene Person dem Neugeborenen darbringt, atmet ganz den Zauber, der sich auf die Hirten legte, als die Gewißheit von der Geburt des Heilandes über sie kam; es übernimmt von der Hirtenmusik Tonart und Instrumentalbesetzung; und es unterrichtet das Jesuskind über die Aufgaben, die ihm nach jener anfänglichen Ruhephase beschieden sein werden. Die Gottesferne der Welt wird nicht erst durch Taten und Worte des Gottessohns überwunden, sie ist mit der Christgeburt aufgehoben, und so wird möglich, daß der vom Blick in den offenen Himmel begnadete Mensch dem von dort niedergekommenen verkündet, was er da gesehen hat.

Auch der **Chor der himmlischen Heerscharen (Nr. 21)** ist von Bach als Vorwegnahme der Forderungen konzipiert, die in ihm aufgestellt werden; denn jedes der drei Postulate erfüllt sich musikalisch in demselben Augenblick, da es ausgesprochen wird. Der motettisch angelegte Satz, der dem Orchester nur eine Statistenrolle zuweist, widmet jedem der von den Engeln verkündeten Wünsche zunächst einen eigenen Kompositionsabschnitt, um abschließend alle drei in einem verkürzten Durchgang nocheinmal zusammenzufassen. Wie wenig Bachs Denken der barocken Vorstellungswelt verhaftet ist, zeigt der erste Teil, der die Ehre Gottes, ungleich jeder anderen Gloria-Komposition seiner Zeit, nicht durch größtmögliche Prachtentfaltung feiert, sondern Gottes Schaffen durch nachahmerisches Handeln ästhetisch veranschaulicht. An die Stelle hymnischer Erhebung und des Schalls von Pauken und Trompeten setzt er einen spröden, unmelodiösen, zuweilen bizarr erscheinenden Satz von überaus komplexer Ordnung, deren Raffinesse so weit getrieben ist, daß sie sich dem unbewaffneten Ohr nicht mehr zu erkennen gibt. Wie Gottes Ordnung dem Menschen unbegreiflich und dennoch Ordnung ist, so ist diese Musik undurchschaubar und doch von wissender Hand intelligent organisiert. Über einem tonleiterweise aufsteigenden Viertonmotiv im Instrumentalbaß läuft in den Chorstimmen eine Fuge ab, die, sogleich vierstimmig einsetzend und auf thematischem Material fußend, das weder einprägsam noch gegen die Kontrasubjekte gut zu unterscheiden ist, ihre Faktur nur widerwillig preisgibt. Da ihre Exposition, in der die Sukzession der Themeneinsätze es erlauben würde, sich mit ihnen bekannt zu machen, am wirklichen Satzbeginn gleichsam schon vorüber ist, überfällt sie den Hörer sofort im Zustand extremer Verdichtung, in der alle Fäden zu einem kaum entwirrbaren Knäuel verstrickt zu sein scheinen, während in Wahrheit alles an ihr mit scharfsinniger Voraussicht und klugem Bedacht eingerichtet ist. Die Ehre Gottes bekundet sich hier, ganz im Sinne des philosophischen Rationalismus, in der schwer zu enträtselnden Kunstfertigkeit der von ihm geschaffenen Welt. - Musikalisch in die Jetztzeit versetzt findet sich auch der von den Engeln befohlene Friede auf Erden und das Wohlgefallen, das sich, gemäß dem Wort der himmlischen Boten, über die Menschen verbreiten soll. Jener stellt sich dar in einem ebenmäßigen und bewegungsarmen, die Stimmen gleichsam auf Tuchfühlung einander annähernden, vom sanften Wellengang der Streicher umspielten Satzgefüge, jenes im befreiten, lustvoll ungeregelten Jubilieren der Koloraturen.

Wenn dann in der abschließenden Choralstrophe die Menschen sich versammeln, um ihrem Gott „aus aller Kraft Lob, Preis und Ehr“ zu singen, so erklingt in den Zwischenspielen der Instrumente ein Nachhall der Hirtenmusik und schlägt so den Bogen von den ersten Ausbreitern des Worts zur Gesamtheit der durch seinen Empfang Erlösten.

Dritte Kantate: „Herrscher des Himmels, erhöre das Lallen“

Wie schon in der ersten Kantate, so tritt auch in der dritten die theologische Reflexion des Weihnachtsgeschehens in den Vordergrund, während die erzählte Begebenheit: der Besuch der Hirten an der Krippe, gleichsam nur den geschichtlichen Ausgangspunkt dieser Betrachtungen beisteuert. Eröffnet wird die Kantate allerdings von einem Jubelchor, welcher, anders als jener der ersten, sowohl dem berichteten als auch dem kompositorischen Geschehen im Zentrum der Kantate beziehungslos gegenübersteht, so daß ihm lediglich die echt barocke Funktion eines übermäßig prunkvollen Rahmens zukommt, der ein viel weniger prätentiöses Gemälde umschließt. Bach hat die Maßgabe getroffen, nach Abschluß der geschehensbezogenen Sätze den Kopfsatz zu wiederholen, und damit den bloß dekorativen, fassunggebenden Charakter des Stücks selber herausgestellt. Scheint die prächtige kompositorische Ausstattung des Satzes mit Trompeten und Pauken, der eine für Bach recht ungewöhnliche, sich leicht erschließende Formalanlage entspricht, zunächst dem Wortlaut des Textes zu widersprechen, der von matten Gesängen, ja vom Lallen redet, so erklärt sich diese Divergenz als Denkfigur ex negatione: Wenn noch der glanzvollste irdische Auftritt sich gemäß himmlischem Maßstab als dürftige und mißglückte Veranstaltung beschreibt, so entwirft sich im Umkehrschluß eine vage Vorstellung vom unvorstellbaren Glanz Gottes und damit von der unermeßlichen Entfernung, welche Gottes Einzug in den Stall von Bethlehem überwindet.

Der zweite **Chorsatz** der Kantate, **Nr. 26**, der die Reaktion der Hirten auf die Botschaft der Engel wiedergibt, ist ein Meisterstück musikalischer Szenographie und einer der sprechendsten Belege dafür, daß Bach nicht nur gedanklich-intellektuelle, sondern auch situativ-anschauliche Verhältnisse kompositorisch zu formulieren verstand. Wie einer nach dem anderen mit gleichlautender, aber unbedeutender, auf einer aufsteigenden Tonleiter beruhenden melodischen Wendung den Anstoß vorbringt, sich auf den Weg zu machen, um sich vom Wahrheitsgehalt der Engelsbotschaft zu überzeugen, dabei vorübergehend und wie zufällig bald mit diesem, bald mit jenem in Kontakt tretend; wie zuerst der Entschluß selbst, dann mehr und mehr, gleichsam memorativ einprägend, der Name des Ziels in den Vordergrund des Redens gerückt wird; und wie schließlich, nach dem gemächlichen Gleichmut des Anfangs, die Neugierde auf „die Geschichte (…), die da geschehen ist“, Aufregung in den Gemütern stiftet, sie gar metrisch und tonal aus der Fassung geraten läßt, all das erwächst aus so profunder anschaulicher Erfahrung und ist beflügelt von so lebhafter Imaginationskraft, daß ein Regisseur und seine Schauspieltruppe kein naturalistischeres Bild von dem Geschehen liefern könnten.

Was die Hirten zu sehen bekommen werden und worüber sie doch schon Entscheidenderes wissen, als ihnen der Augenschein vermitteln könnte, wird fast nebensächlich in einem sich anschließenden **Baßrezitativ (Nr. 27)** ausgesprochen, in dessen bescheidenem Auftreten sich das Bewußtsein reflektieren mag, daß seine Worte ja nur in extenso wiederholen, was der Engel bereits verkündete: „Euch ist heute der Heiland geboren, welcher ist Christus.“

Ausführliche Darstellung erfährt demgegenüber die Bedeutung, welche die verkündete und geglaubte Heilstat für die Menschen annimmt, um deretwillen sie unternommen ward. Sopran und Baß, das Gesangspaar des einzigen **Duetts (Nr. 29)** im gesamten Oratorium, in welchem eine Anspielung auf das erste Menschenpaar zu erblicken sicher nicht verfehlt ist, wiegen sich beseligt im Maß eines schwebenden Dreiachteltakts, ihre Figuren, sekundiert von den beiden Oboen, wechseln sich ab, begegnen sich in komplementären Mustern, vereinigen sich zur Parallele, nur um sich leicht und heiter wieder voneinander zu lösen. Dabei folgen sie bald der Konfiguration des Taktes, bald setzen sie sich darüber hinweg, heben ihn auf und etablieren ihn sogleich wieder. Wo der Text aussagt, Gottes Erbarmen tröste und mache frei, erläutert die Musik, daß der Trost nicht nur als die Neutralisierung der Trauer, sondern als die Wiederkehr der Heiterkeit zu verstehen ist und daß die wiedergeschenkte Freiheit nicht im Untergang des Gesetzes, sondern in der Aufhebung seines Zwangscharakters besteht. Der Freie unterliegt nicht der Ordnung noch ist er ihrer ledig, er bewegt sich zu ihr in zwangloser Korrespondenz. Die heilsgeschichtliche Entwertung der Schuld, die sich in der Einkehr Gottes ins Endliche ausdrückt, läßt das Dasein in einen Reigen übergehen, der jenem der Engel ähnlich ist.

Die **Altarie (Nr. 32)** ist dagegen eine Komposition von spröder Innerlichkeit. Ihrer äußeren Form nach ein Selbstgespräch, in der sich das sprechende Subjekt zur innersten Aneignung der Menschwerdung Gottes als seines zentralen Glaubensinhalts ermahnt, entflicht die Komposition den Monolog in die

Dreiheit der Stimmen von Alt, Solovioline und Violoncello, die mit subtilster Empfänglichkeit die Bewegungen der Seele, den Aufruhr ihrer Auseinandersetzungen mit sich selbst und dessen Stillung in immer neuen Einverständnissen nachzeichnet. Glaube wird hier nicht in seiner eschatologischen Bedeutung, sondern in seiner existentiellen Realität betrachtet und erscheint daher keineswegs als Befreiung, sondern als Zumutung, die dennoch ersehnt, als Ziel der Sehnsucht, das dennoch Zumutung ist. Die gewaltige Höhen und Tiefen durchmessenden Stimmen, die nur mühsam bewahrte tonale Orientierung, nicht enden wollende Ketten von chromatischen, übermäßigen und verminderten Intervallen, das unvermittelte Nebeneinander von ebenen Melodieverläufen und abrupten Ausschlägen nach oben oder unten führen eindringlich vor Augen, daß nicht erst der Kreuzestod Gottes, sondern bereits seine Menschgeburt für den Glauben eine schwer zu bestehende Herausforderung darstellt, die nicht anhaltende Beruhigung, sondern fortdauerndes Ringen verspricht.

Vierte Kantate: „Fallt mit Danken, fallt mit Loben“

Der für den Neujahrstag vorgesehene Teil des Weihnachtsoratoriums, der diesen jedoch als Jesu Namenstag begeht, weicht nicht nur in Tonart und Besetzung entschieden von allen anderen ab, er weist auch sonst zahlreiche Besonderheiten auf, die ihm eine sowohl isolierte als auch hervorgehobene Stellung innerhalb des Gesamtwerks verschaffen. Nimmt schon in den übrigen Kantaten der biblische Weihnachtsbericht einen nur verhältnismäßig geringen Raum ein, so reduziert sich sein Beitrag hier auf einen einzigen Satz, in welchem mitgeteilt wird, daß acht Tage nach der Geburt des kleinen Knaben diesem, gemäß der Vorgabe des Verkündigungsengels, der Name Jesus gegeben wurde. Der Aufbau der Kantate ordnet das entsprechende Evangelistenrezitativ, das karg die Satzaussage nachzeichnet, gleich an der zweiten Position der Satzfolge ein, im direkten Anschluß an den ausladenden, aber inhaltlich unverbindlichen Eingangschor und vor eine Folge von Stücken, deren Bezug zum Namen Jesu nicht ohne weiteres auf der Hand liegt. Unter den letzteren kann die **Tenorarie (Nr. 42)** noch als die konventionellste Komposition gelten, handelt es sich bei ihr doch gleichsam um eine vierstimmige Fuge für Streichquartett, in welcher dem Solotenor die Partie der fehlenden Bratsche zukommt. Das Zentrum der Kantate aber bildet ein Komplex dreier Sätze, der im gesamten Schaffen Bachs einzigartig dasteht. Eine **Arie (Nr. 39)**, die als Triosatz für Sopran, Oboe und Violoncello konzipiert ist und durch ihr Spiel mit Echowirkungen auf den ersten Blick ein Exempel des formverliebten, in eitlem Müßiggang sich gefallenden barocken Kunstsinns zu sein scheint, wird umrahmt von **zwei duettischen Rezitativen (Nr. 38 u. 40)** welche gebundenen, ariosen und frei rezitierenden Gesangsvortrag kombinieren und deren über einem Streichersatz angeordnete Solostimmen Sopran und Baß anvertraut sind. Der Choraltropus, zu dessen Gattung die beiden Rezitative gehören, ist ein im Kantatenschaffen Bachs verbreiteter Satztypus, der, fußend auf der Strophe eines in der Regel wohlbekannten Kirchenlieds, dieses sowohl textlich als auch musikalisch durch neu hinzuerfundene Einschübe erweitert, die, wie etwa in Satz 7 der ersten Kantate, intermittierend zwischen die einzelnen Choralzeilen eingefügt oder aber parallel zu diesen vorgetragen werden. Erfüllt die Form aber vor allem den Zweck, ältere oder kryptische Texte durch erläuternde Zusätze zu aktualisieren und aufzuschließen oder sie durch die Einführung divergierender Aspekte zu problematisieren, so erlaubt die Sachlage im hier vorliegenden Fall weder das eine noch das andere, da die Strophe selbst schon eine Neudichtung darstellt und die ihr zugesellte Melodie von Bach eigens für ihre Verwendung im Weihnachtsoratorium geschaffen wurde. Überdies sind beide Rezitativsätze, wie aus dem Zeilenschluß der Choralmelodie des ersten auf der Oberquinte der Tonart und ihrem Einsatz in der Paralleltonart zu Anfang des zweiten unschwer zu erkennen ist, in Wahrheit ein einziger Satz, dessen zehn Verse zählende Strophe nach dem vierten durch die Sopranarie unterbrochen wird, um danach mit dem fünften wieder anzuheben.

Der Text der Choralstrophe bekennt sich nach Aussage und Tonfall zum Kreis jener pietistisch eingefärbten, schwärmerischen Jesus-Lyrik, von der die um die Wende vom 17. zum 18. Jahrhundert zahlreichen Neuerscheinungen frommer Gesangbücher geradezu überfließen. Seiner inneren Haltung nach am Liebesgedicht inspiriert, schmückt er Jesus, den Seelenbräutigam, mit genau denselben Epitheta, mit denen auch sonst eine Braut ihren Geliebten zu beehren pflegt: „mein liebstes Leben“, „meine Freud und Wonne“, „Schmuck und Heil“, „Licht und Sonne“ und dergleichen. Daß es sich dabei kaum um ein Weihnachtslied handeln dürfte, verrät die Textpassage „der du dich für mich gegeben an des bittern Kreuzes Stamm“ welche die im gesamten Weihnachtsoratorium einzige Gedankenverbindung zwischen der Geburt und dem bevorstehenden Tod des Menschgewordenen herstellt. Die in freimadrigalischer Form gehaltene Dichtung, welche die Choralstrophe umrankt, ist ihr in allen Dingen so bis ins Tiefste verwandt, daß allein der Vortrag durch unterschiedliche Gesangsstimmen eine zuverlässige Zuordnung zu erlauben scheint. Allenfalls geht sie in ihrer Emphase noch ein Stück über den Choral hinaus, sucht dessen Verzückung durch sich aufbäumende Leidenschaft zu übertreffen und streift hie und da ein thematisches Feld, das dieser unberührt ließ. An exponierter Stelle und dennoch verborgen, enthält sie aber auch den Fingerzeig, der die Spur des Zusammenhangs zwischen dem Evangelienbericht von der Namensgebung Jesu und dem Komplex der drei zentralen Kantatensätze evident macht. „Immanuel, o süßes Wort!“ Gleich zu Beginn spricht das Rezitativ den Heilandsnamen aus, nur freilich nicht den, „welcher genennet war von dem Engel“, sondern einen jener, mit denen er bei Jesaja belegt wird: Gott mit uns. Nur weil Gott mit uns, nämlich Mensch geworden ist, können wir uns zu ihm als Liebende verhalten, nur weil er sich uns erreichbar gemacht hat, erreichen wir ihn in der uns gegebenen Form der Annäherung. Gott verbirgt sich im Menschen und kann also fortan auch im Menschen geliebt werden – durch die Menschheit Gottes verwandelt sich menschliches Lieben in eine göttliche Tat.

Bachs Komposition entspricht der verwickelten gedanklichen Konzeption dieses Satzes auf so geniale Weise, daß sie gegen die Vermutung, seine ideelle Konzeption gehe im Ganzen auf den Komponisten selbst zurück, kaum einen Zweifel duldet. Sucht Bachs kompositorisches Vorgehen im Choraltropus gewöhnlich, die beiden Textebenen musikalisch gegeneinander abzuheben und durch ein oft bis zum offenen Widerspruch getriebenes Spannungsverhältnis beiden jene gedankliche Tiefe zu verschaffen, die nur der entfernte Blick gewährt, ist seine Vertonung hier so radikal auf Integration ausgerichtet, daß noch die unterschiedliche Deklamationsform der beiden Solostimmen nur wie der Pendelschlag eines einzigen übervollen Ausdrucks- und Gemütszustandes erscheint. Aus der zwiefachen Liebeserklärung an einen Dritten hat Bach eines der berührendsten Liebesduette des 18. Jahrhunderts geschaffen, dem an Liebreiz und Eindringlichkeit erst Mozart wieder nahekommt. Beide Solostimmen sind eingebettet in einen vollstimmigen Streichersatz, dessen Fluß in den choralischen Abschnitten dicht und intensiv voranströmt, um von Zeit zu Zeit, gleichsam als ob sich sein Gefälle vorübergehend verminderte, in eine stillere Phase einzutreten, welche der freieren Deklamation des Rezitativs Raum gewährt. Der Textvortrag beider Gesangsstimmen ist emphatisch belebt und zeichnet mit äußerster Subtilität die Modifikationen des seelischen Zustands beim gedanklichen Vollzug der Aussage nach: nicht theatralisch-plakativ, sondern eher wie das höchst empfindliche Seismogramm noch der geringsten inneren Erschütterung. Der Grundton der melodischen Erfindung changiert zwischen schmelzender Hingabe und leidenschaftlicher Begierde und erhebt die zwar emotional aufgeladene, aber sprachlich formelhafte Dichtung zur Würde einer ebenso entflammten wie von tiefer Devotion erfüllten wahrhaften Liebeserklärung. Dabei wahrt der Choral des Soprans stets eine etwas dichtere Konsistenz und eine eindringlichere Intention, während das Rezitativ des Basses ausgedehntere gedankliche Räume und größere seelische Gegensätze durchmißt, und doch liegt in dieser Differenz nur wechselseitige Vervollkommnung, nicht Entzweiung. Bachs Komposition entwirft das Bild zweier Individuen, die gerade darin sich vereinigen, daß ihrer beider Liebe auf einen Dritten gerichtet ist; sie imaginiert, anstelle der bekannten mystischen Vermählung Jesu mit der Seele, die liebende Verschmelzung der Menschen untereinander, die diesen kraft der versöhnenden Herablassung Gottes widerfährt.

Dieser Zusammenhang von Gottes- und Menschenliebe wirft endlich auch das entscheidende Licht auf die Echoarie, die nun nicht länger bloß ein Spiel eitler Selbstbespiegelung erscheint und sich stattdessen als das gedankliche Zentrum der Kantate zu erkennen gibt, das zu sein sie durch ihre Stellung in deren Gesamtaufbau beansprucht. Selbstbespiegelung ist sie wohl – denn das Echo zu befragen heißt, sich selbst die Antwort zu geben. Nur ist im Zeichen des Immanuel die differenzlose Identität dessen, der in den Spiegel hinein- mit dem, der aus ihm herausschaut, einem Verhältnis gewichen, kraft dessen durch solche Gegenüberstellung das Ich sich selbst fortan mit anderen Augen ansieht. Wenn Gott mit uns ist, so sieht Gott, wer sich selbst ansieht, und kann nicht schauen, ohne zugleich von ihm angeschaut zu werden. Daß Gott Mensch ist heißt, daß ich, mich selbst befragend, mich der Antwort Gottes vergewissern kann, mich zugleich aber auch jederzeit von ihm befragen lassen muß. Es heißt, daß ich auf mich hören darf, daß aber zugleich auch jede Antwort, die ich mir gebe, ihm gegeben ist. Insofern hat es durchaus seine rechte Bewandtnis, wenn in Bachs Arie das Echo seine Antwort bald vor, bald nach, bald anstelle des Fragenden erteilt, denn beide sind eins: Gott mit mir.

Fünfte Kantate: „Ehre sei dir, Gott, gesungen“

Die fünfte Kantate des Weihnachtsoratoriums widmet sich zwei überaus gegensätzlichen Geschehnissen, welche sie der Berichterstattung des Matthäusevangeliums entnimmt. Behandeln die Sätze ihres ersten Teils die Ankunft der Weisen aus dem Morgenland in Jerusalem, in dessen Nähe sie jenen Ort vermuten, der nach ihrer Überzeugung den künftigen König der Juden beherbergt, so thematisiert die Dichtung des zweiten Teils die alarmierte Reaktion des Königs Herodes auf die Nachricht von der Geburt eines vermeintlichen Thronprätendenten. Beide Ereignisse stehen in kausalem Zusammenhang, bilden miteinander jedoch, als ehrerbietiger Empfang für den Willkommenen auf der einen, hingegen als Abwehr des Gefürchteten auf der anderen Seite, ein adversatives Verhältnis, das in gewisser Weise die zwischen emphatischer Verehrung und verbissener Ablehnung gespaltene Reaktion auf den Lehrer und Prediger Jesus überhaupt, ja am Ende die Spannung zwischen Palmsonntag und Karfreitag vorzeichnet. Überraschenderweise geht Bachs Librettist auf diesen Zusammenhang des einander Entgegengesetzten mit keinem Worte ein, vielmehr arbeitet er an beiden Ereignissen gerade diejenigen Aspekte heraus, die beider kontrastives Verhältnis und ihren gemeinsamen Bezugspunkt verdecken, so daß sich die inhaltliche Klammer des in der Kantate referierten Geschehens verflüchtigt. Die neue, gedankliche, die dahinter aufscheint, befreit Weihnachten aus dem Schatten von Golgatha und bestimmt sich als Transposition der Ereignisse aus dem geschichtlichen Außen in das Innen persönlichen Glaubenslebens und -handelns, wo Heilsgeschehen ohne Blutvergießen auskommt.

Der Eingangschor kann aus der Betrachtung der Kantatendichtung weitgehend ausgeklammert bleiben, da es sich bei ihm, ähnlich wie im Fall der ersten und dritten Kantate, um ein unspezifisches Festtagsgedicht handelt, das, für sich selbst betrachtet, kaum mehr als einen allgemeinen religiösen Bezug zu erkennen gibt. Vielleicht waren es die Zwänge des Parodieverfahrens, die den Autor davon abhielten, seinen Text mit einer Andeutung zu versehen, welches Fest da überhaupt begangen werden soll, und die es ihm stattdessen geraten erscheinen ließen, sich mit einem beziehungsreichen, aber leicht zu übersehenden Querverweis auf einen anderen Text zu begnügen. Zeigt insoweit die fünfte Kantate von Bachs Weihnachtsoratorium eine Herangehensweise, die auch in einigen anderen anzutreffen ist und vielleicht sogar dem Bestreben zugeschrieben werden kann, den zyklischen Charakter des Gesamtwerks zu unterstreichen, so schlägt das Libretto gleich bei der Behandlung der ersten Evangelienlesung einen ganz anderen als den zuvor beschrittenen Weg ein. Sinnfällig wird die veränderte Haltung des Dichters zu seiner biblischen Vorlage sofort durch den Sachverhalt, daß die Kantatendichtung in den Evangeliumsvortrag interveniert und durch ihren Eingriff gewissermaßen einen zusätzlichen Akteur in das Geschehen einführt. Den Weisen aus dem Morgenland, die sich nach dem Aufenthaltsort des neugeborenen Königs der Juden erkundigen, antwortet nun jemand „Sucht ihn in meiner Brust“, ehe diese zu einer Erklärung darüber anheben, welches Ereignis sie zu ihrer Reise „gen Jerusalem“ veranlaßte. Der Lesungsabschnitt, der ursprünglich nur mit dem Handeln und Wollen der Weisen bekanntmachte, findet sich plötzlich in eine Gesprächssituation umgeformt, in welcher den Worten der Weisen aus dem Mund eines Unbenannten die Ahnung eines ganz neuen Sinnes eingehaucht wird. Da der anonyme Gesprächspartner aber nun einmal eingeführt ist, ordnet sich auch jene Äußerung ihm zu, die der Librettist am Ende des Evangeliumstextes anheftet: „Wohl euch, die ihr das Licht gesehen …“ Gewiß knüpfen auch andere Rezitative des Weihnachtsoratoriums an vorausgehende Evangelienlesungen an (z. B. 1. Kantate Nr. 2/3, 3. Kantate Nr. 26/27, 6. Kantate Nr. 60/61), doch ist der Eintritt einer externen, systematisch der Betrachtungs- bzw. Kommentierungsebene zugehörigen Person mitten in den Evangelienbericht ohne Beispiel. In der fünften Kantate wird er hingegen gleich ein zweites Mal praktiziert, wo im Anschluß an die Mitteilung des Schreckens, den die Kunde von der Geburt des neuen Judenkönigs am Hofe von Jerusalem auslöste, der Ungenannte die Frage nach der Angemessenheit dieser Reaktion aufwirft, ehe der Evangelist seinen Bericht mit einer Ausführung über die daraufhin von Herodes ergriffenen Maßnahmen fortsetzt. Daß der Librettist in der fünften Kantate die anderwärts gewahrte Unantastbarkeit des Evangeliums durchbricht, hat indes keineswegs nur formale oder stilistische Bedeutung, es berührt vielmehr auch dessen Aussage, und dieser Eingriff ist umso problematischer, als er ohne sichtbare Verletzung, also implizite, vor sich geht. Denn reflektiert die Dichtung gewöhnlich den Bericht, indem sie das Berichtete Revue passieren läßt und gedankliche Überlegungen oder persönliche Regungen daran anknüpft, so beschreibt sie hier das Geschehen einem ihm dem

Ursprung nach fremden Zusammenhang ein, aus dem neue sinnbestimmende Momente in den authentischen Text zurückfluten. In der ersten Kantate reagiert das Libretto auf die Mitteilung, daß Maria ihr Neugeborenes, weil sie kein besseres Lager finden konnte, in die im Stall befindliche Krippe gelegt habe, mit der schlußfolgernden Betrachtung, welche Geringschätzung irdischer Pracht in diesen Geburtsumständen des Gottessohnes zum Ausdruck komme. In der fünften hingegen werden die Weisen aus dem Morgenland, die sich doch auf der Suche nach dem Stall von Bethlehem befinden, an das Herz des Menschen verwiesen, als hätten sie sich im Weg geirrt, wodurch der Stern, dessen Leitung sie bei ihrer Wanderung sich anvertrauten, unversehens die Natur einer inneren Erleuchtung an sich nimmt. Christus, so die Auskunft, wird in jedem Menschen geboren, dessen Herz ihn gläubig bei sich aufnimmt, und dieser Einzug in die Herzenskrippe wiederholt nicht oder paraphrasiert den realen in den Stall von Bethlehem, sie tritt vielmehr an seine Stelle. „Sucht ihn in meiner Brust“: Gottes Heilsweg wird durch diesen Imperativ aus den Schauplätzen der realen Geschichte in den Bezirk privater Frömmigkeit umgelenkt.

Eine fast noch gravierendere Revision der im Evangelienbericht angelegten Aussage bahnt die Intervention des Librettos in den Bibelwortvortrag des zweiten Teils der Kantate an, wenngleich die eigentliche Absicht der dichterischen Einmischung hier noch weit schwieriger zu durchschauen ist. Vordergründig scheinen die mit der Frage „Warum wollt ihr erschrecken?“ eingeleiteten Worte des von der Dichtung installierten Subjekts nur einen Einwand gegen das Entsetzen zu erheben, welches sich in der Umgebung des Herodes auf die Nachricht von der Existenz eines neuen, zukünftigen Königs ausbreitet. Die Dichtung entwirft darin eine Handlungsalternative, die sie dem mitgeteilten realen Geschehen als bessere, zumindest adäquatere Variante gegenüberstellt, ehe die Kantate im Bericht des wirklich Stattgefundenen fortfährt. Scheint aber bis zu diesem Punkt der dichterische Eingriff den Handlungsablauf nicht weiter zu beeinflussen, so warten die nun folgenden Sätze des Librettos überraschend mit Ausführungen auf, die das alternativ ins Spiel gebrachte, in Wahrheit aber doch bloß imaginäre Geschehen betreffen, während das tatsächliche unkommentiert bleibt. Die Sehnsucht nach dem Messias, nicht seine feindselige Abwehr ist es, die im Terzett thematisiert wird, und das anschließende Rezitativ weist ein weiteres Mal das Herz des Menschen diesem neuen König als Herrschaftsgebiet zu. Der Dichter selbst also verschafft seiner erdichteten Verbesserung der realen Geschichte durch die Würdigung, die seine Betrachtung ihr zukommen läßt, die Oberhand über das berichtete Faktum und deutet die Bahn des Erlösers, die als Abstieg in menschliche Niedrigkeit angelegt war, in einen Aufstieg auf den Thron des Herzens um. Das verwechselbare Kind in der Krippe, des Menschen Bruder, den die erste Kantate vors Auge stellte, legt nun auf einmal doch herrscherliche Züge an den Tag, wenngleich um den Preis, daß sein Herrschaftsgebiet auf den Einzelnen begrenzt und seine Herrschaftsgewalt von dessen Hingabe abhängig ist.

Für die Anlage des Kopfsatzes entwickelt Bach ein dezidiert modernes kompositorisches Konzept. Zwar folgt die großformale Disposition mit ihrer fünfteilig symmetrischen Gliederung einem bei Bach nicht selten anzutreffenden Bauplan, doch artikuliert sich in ihrer konkreten Ausgestaltung eine Ästhetik, die sich durch ihre gelichtete Überschaubarkeit im Bereich der kompositorischen Strukturen und ihre strikte Beschränkung der Vielfalt kompositorischer Mittel deutlich von der hochdifferenzierten, vielschichtig-beziehungsreichen Musiksprache, wie sie sonst von Bach gepflogen wird, aber auch von der theatralisch augmentierten, dekorationsversessenen Attitüde des eigentlichen barocken Zeitgeistes abhebt. Trotz der mit 225 Dreivierteltakten beträchtlichen Ausdehnung, erscheint der Satz, dank seinem Aufbau aus relativ kurzen, in sinnfälliger Beziehung zueinander angeordneten Bestandteilen, leicht und heiter, ohne jede Monumentalität. Basis der Konstruktion ist der Orchestersatz, der einen im Achtelpuls durchgehenden Baß von bisweilen orgelpunktartiger Beharrlichkeit, in einfachen Mustern sich entfaltende Akkordfigurationen der Streicher und zwei über weite Strecken aus zwei eintaktigen Motiven sich speisende, oft in parallelen Terzen voranschreitende Oboenstimmen übereinanderschichtet. In dieses mit beinahe mechanischer Betriebsamkeit ablaufende Kontinuum sind Sätzchen des Vokalchors eingebaut, deren Umfang zwei Takte oft nicht überschreitet und deren im wesentlichen homorhythmische Organisation durch imitatorisch gestaffelte Stimmeinsätze lediglich mit einem polyphonen Dekor bestickt ist. Die fugierten Kompositionsabschnitte, stets mit der Textzeile „Dir sei Lob und Dank bereit'“ unterlegt, zeigen mit ihrem aus fallendem Dreiklang und aufsteigender Tonleiter zusammengesetzten, einprägsamen Thema und leicht zu überblickenden, geradezu schulmäßigen Aufbau eine an Bachs Kontrapunktik sonst eher unbekannte, ungewohnt hörerfreundliche Transparenz.

Auch die Harmonik folgt einem überaus einfachen, leicht faßlichen Bauplan, der fast jede Fortschreitung in gleichmäßigen, gleichsam vorhersehbaren metrischen Einheiten vonstatten gehen läßt. So sind die ersten beiden Taktpaare des Orchestervorspiels nach dem Muster I-IV-I-V aufgebaut, wobei dem Tonikadreiklang A-Dur jeweils eine Dauer von zwei Vierteln, den anderen Akkorden die von einem Viertel zugemessen ist. Daran schließt sich eine Viertaktgruppe an, in welcher die Akkordfortschreitung taktweise erfolgt und die durch die sequenzierte Reihung zweier Quintfälle (A-D, H-E) wiederum in zwei Zweitaktpaare unterteilt erscheint. Ein nach demselben Muster figurierter, jedoch den Dominantseptakkord nur festhaltender Takt (T. 9) leitet über zu einer weiteren als Quintfallsequenz gebauten Viertaktgruppe (A-D-fis-h), an deren Ende die Harmonik sich auf viertelweisen Fortgang beschleunigt, um in T. 16 in eine Kadenz zu münden, die in T. 17, dem Ort des Choreinsatzes, die Tonika erreicht. Insgesamt weist das Orchestervorspiel also die bereits an die klassische Formbildung gemahnende Gliederung von (2+2) + (2+2) + (1+4+3) Takten auf, deren rationalistische Proportionierung durch ihre ebenbildliche Wiederholung auf der Ebene der Figuration – jedem harmonischen Bauteil ist genau ein figuratives Modell zugeordnet – zusätzlich unterstrichen wird.

Eine ähnliche Antizipation klassischer Strukturierungsprinzipien manifestiert sich in der harmonischen Anlage der beiden fugierten Kompositionsabschnitte, die, während sie oberflächlicher Betrachtung als schiere Reduplikation mit vertauschten Stimmen erscheinen, sich in Wahrheit als die korrespondierenden Teile einer Bogenform zueinander verhalten. Setzt nämlich im ersten Durchgang das Fugenthema mit dem Tonikadreiklang ein (T. 31), um zwei Takte später auf der Oberquinte beantwortet zu werden, so präsentiert der zweite Durchgang gerade den ersten Themeneinsatz auf der Oberquinte (T. 76) und versetzt seine Beantwortung auf die Ebene der Tonika. Die Klassik hat Jahrzehnte später genau diese Inversion des harmonischen Verlaufs bei identischer thematischer Substanz: die Umkehr der öffnenden in die schließende Bewegung, zu einem ihrer maßgeblichen Organisationsverfahren erhoben und ihre Fähigkeit zum Aufbau komplexer kompositorischer Strukturen, gewissermaßen ihre musikalische Hypotaxis, weitgehend auf dieselbe begründet. Der gesamte Kopfsatz der fünften Kantate ist von jenem Streben nach sinnfälliger Intellegibilität durchdrungen, welches die klassische Epoche auszeichnet, und mit dieser teilt er auch die Abneigung gegen unmäßige Opulenz und die Attitüde von Großartigkeit. Der bei einer Festmusik mit Gloriacharakter überraschende Verzicht auf den Einsatz von Pauken und Trompeten, wie opportun er Bach unter aufführungspraktischen Gesichtspunkten auch erschienen sein mag, findet hierin seine tiefere Begründung.

Das *Ehre sei dir, Gott* der fünften Kantate ist freilich schon das zweite Gloria, das im Zusammenhang des Weihnachtsoratoriums erklingt; das erste hat seinen Ort in der zweiten Kantate und erscheint dort als das eine doppelte Verheißung an die Menschen einschließende Gotteslob, das, gemäß dem Bericht des Evangelisten, den Hirten aus dem Munde der himmlischen Heerscharen entgegenschallt. Aufschluß über die Bedeutung des Kopfsatzes der fünften Kantate erlangt daher nur, wer diesen in seinem Verhältnis zu jenem ersten und ursprünglichen, gleichsam authentischen Gloria betrachtet. Schon das Libretto trägt dafür Sorge, daß der Eingangschor der fünften Kantate nicht als eine beliebige Berühmung Gottes, sondern als ausdrückliche Reminiszenz jenes Engelsglorias gelesen wird, indem es dessen Verheißung göttlichen Wohlgefallens expressis verbis wieder aufgreift: „Dich erhebet alle Welt, weil dir unser Wohl gefällt.“ Daß Bach von seinem ursprünglichen Plan, eine bereits bestehende Komposition mit dem eigens erst erstellten Text zu unterlegen, Abstand nahm, um diesen mit einer völlig neuen Musik auszustatten, läßt den Gedanken, auch er habe damit die Voraussetzung schaffen wollen, zwischen den beiden Glorias eine kompositorisch signifikante Beziehung einzurichten, zumindest möglich erscheinen. Im Gloria der Menschen also hallt das Gloria der Engel nach. Damit aber erwächst der kompositorischen Form, unter der beides geschieht, Aussagekraft über die Natur dessen, der da rühmt, und über sein Verhältnis zu dem, dem er seine Ehrerbietung entgegenbringt.

Welche musikalische Gestalt Bach dem Gloria der Menschen verschafft, wurde bereits untersucht. Jenes der Engel nun gibt wenig Anlaß zu der Vermutung, die Menschen hätten es sich für ihren eigenen Versuch, Gott zu loben, zum Vorbild genommen. Was sich bei eingehender Zergliederung als hochkomplexes, mit eminenter Raffinesse ersonnenes Artefaktum erweist, erscheint auch dem geübten Hörer bei unvorbereiteter Rezeption als ein kaum zu entwirrendes Knäuel wild durcheinandergehender, überdies nur schwer zu identifizierender und wenig einprägsamer Stimmen. Daß es sich bei dem Satz um eine Fuge handelt, wird durch den vierstimmigen Beginn und zahlreiche Blendimitationen wirkungsvoll verschleiert; als Thema fungiert eine über sieben Stufen absteigende und mit Quartsprung eingeleitete, rhythmisch unebene und gegen den Taktschwerpunkt um den Wert einer Viertelnote verschobene Tonleiter; Kontrasubjekte, die ohne erkennbare Periodik verlaufen, durchwuchern überall den Satz, und die Akkordfortschreitung scheint keinem intelligiblen Plan unterworfen. Die Diktion, deren sich die Engel bei ihrem Gloria befleißigen, will dem menschlichen Gehör partout nicht nach Jubel klingen, und ihr Chorgesang läßt jede ordnende Hand vermissen, entbehrt, so scheint es, einer Partitur ebenso wie eines Dirigenten. Verleiht Bach dem menschlichen Gloria also den Habitus eines spätabsolutistischen Hofstaates, so gestaltet er die kompositorische Oberfläche seines Engelsglorias gemäß dem Bild, das ein Ameisenstaat der menschlichen Betrachtung darbietet. Dieser Kontrast wäre indes an sich wenig befremdlich, stünden nicht der Primat und die Autorität jenes Gesanges, wie ihn die himmlischen Heerscharen im Beisein der Hirten anstimmten, außerhalb jedes möglichen Zweifels, so daß eine kompositorische Parteinahme Bachs zugunsten des menschlichen Lobgesanges ausgeschlossen werden kann. Wie Gott adäquat zu rühmen ist, wird mit größerem Recht von der Praxis der Engel abgelernt als von der Praxis der Menschen. Die gegensätzliche kompositorische Faktur der beiden Glorias enthält folglich den Bescheid, daß die angemessene, würdige Art, Gott zu loben, eine andere Gestalt an sich zu nehmen habe als die Verehrung eines Fürsten oder Bischofs. Diesen Ansatz kühn weiterentwickelnd, gelangte man gar zu dem Gedanken, Bach mache mit dieser kompositorischen Disposition darauf aufmerksam, daß die Vorstellung Gottes als dem Herrn der Herren und dem König der Könige eben nur eine Metapher, ein menschliches Hilfsmittel zum Begriff des Unbegreiflichen sei. Der Jubel der Engel entfaltet sich unreglementiert, frei von äußerem Plan, aus gleichsam sprunghaftem, nicht berechenbarem Impuls, er ist unmittelbarer Ausfluß eines Bedürfnisses, das sich in jedem einzelnen Mitglied dieser Heerschar auf unterschiedliche Weise Bahn bricht. Daß all diese Verlautbarungen dennoch zusammenstimmen, mag auf ein Wunder verweisen dessen, der da gepriesen wird, nicht jedenfalls auf die Absicht der Preisenden, und zeigt damit eine unübersehbare Analogie zu zeitgenössischen Vorstellungen von Natur und Kosmos, welche, nach außen hin wildwüchsig erscheinend, dennoch im Inneren wundersam harmonisch, von der aus ihnen kaum erforschlichen Vernunft Gottes regiert werden. Dem Jubel der Menschen haften demgegenüber alle Anzeichen einer Veranstaltung an – er ist gewollt und geordnet, ihm gehen erkennbar Entschluß und Planung, d. h. aber Reflexion voraus. Bachs Komposition leistet damit eine Treue zum Wortlaut ihrer Textvorlage, welche von dieser kaum intendiert gewesen sein dürfte, ja ihr in ihrer verräterischen Zuverlässigkeit auch gar nicht willkommen sein kann. „Ehre **sei** dir, Gott, gesungen (…), **weil** uns dein Segen so herrlich erfreut": daß hier nicht gerühmt, sondern nur zum Lobe aufgerufen und dies auch noch einer begründenden Bedingung unterstellt wird, wird erst durch den wohlorganisierten Festtagsbetrieb der Komposition recht zu Bewußtsein gebracht. Die gekonnte Inszenierung einer Ehrenfeier für den wohltätigen Gott aber führt durch ihre Gegenüberstellung mit dem Gloria derer, denen das Gotteslob Teil ihrer Wesensnatur ist, dem Menschen den entscheidenden Defekt seines Gottesverhältnisses vor Augen: daß nämlich er, der von Gott Abgekehrte, sich immer erst aufs neue ihm zuwenden muß, wo der Engel unentwegt von Gott erfüllt ist. In dieser Diskrepanz deutet sich endlich auch an, wie Bach anderwärts in seinen Kantaten Sätze mit prachtvoller Musik ausrüsten konnte, die sein Libretto als schlechtes Lob oder als Geschrei diffamiert: Das wahre Lob bedürfte weder Grund noch Anlaß, es stützte sich nicht auf eine wie auch immer geartete Gotteserkenntnis und es hätte nicht die Form einer Willenshandlung. Das Dasein selbst müßte Gotteslob werden, damit jener Defekt von ihm abfiele. Für die Entfernung, um welche das menschliche Gloria von solcher Wahrheit absteht, ist die überlegene Rationalität, mit welcher Bachs Komposition den Eingangschor der fünften Kantate seines Weihnachsoratoriums versieht, das Signum.

Der Chor der Weisen bietet einmal mehr Gelegenheit, sich einiger Grundsätze der bachschen Evangeliumsvertonung zu vergewissern. Zum einen sieht Bachs Partitur dieselbe vierstimmige, aus Sopran, Alt, Tenor und Baß zusammengestellte Besetzung vor, welcher die Ausführung sämtlicher Chorsätze des Oratoriums obliegt, während eine naturalistische Darstellung der historischen Begebenheit eher an einen mit einer geringen Zahl von Ausführenden besetzten drei- oder vierstimmigen Männerchor nahegelegt hätte. Zum anderen orientiert sich Bachs Vertonung jedoch sehr bewußt an den sprachlichen Gegebenheiten und überträgt die berichteten Worte in eine musikalische

Gestalt, welche den performativen Akt, d. h. das wirkliche Sprechen dieser Männer, in imaginär realistischer Weise nachbildet. Die gemischte Chorbesetzung erinnert den Hörer daran, daß er sich nicht in einer Opernaufführung befindet, welche die Protagonisten leibhaftig auf die Bühne bringt – der Textvortag aber lädt ihn ein, die geschichtliche Begebenheit sich lebhaft und dabei durchaus auch interpretierend auszumalen. In Bachs Komposition wiederholen die Weisen, die sich in Jerusalem nach dem Aufenthaltsort des „neugebornen Königs der Juden“ erkundigen, gleich zu Anfang mehrfach das Fragewort *wo*? und geben durch diese kurz angebundene Ungeduld zu erkennen, daß sie sich nicht erst am Beginn ihrer Suche befinden, sondern schon manches Achselzucken haben hinnehmen müssen. Dasselbe *Wo*? steht auch am Ende des Sätzchens und ist dort durch klangliche Spreizung und die abrupte harmonische Wendung von G-Dur nach H-Dur mit forderndem Unterton behaftet. Dieses H-Dur greift das eingeschobene Altrezitativ als Dominante auf und führt es über eine vollständige Kadenz zur Tonika e-Moll, als solle die von der Altistin gelieferte Antwort das beharrliche Fragen der Weisen zum Schweigen bringen. Der Schlußpunkt aber, den das Rezitativ zu setzen versucht, macht das Weiterreden der Weisen zum Aufbegehren: Sie, die eine weite Reise unternommen haben, um des künftigen Judenkönigs angesichtig zu werden, lassen sich nicht mit dem Verweis an die Innerlichkeit abspeisen und wissen wohl zwischen dem Zeichen und der Person zu unterscheiden, die es bezeichnete. Eine befriedigende Antwort auf ihr *Wo*? steht also weiter aus, und so ist es nur folgerichtig, wenn auch das zweite Chorsätzchen, obwohl die Männer aus dem Morgenland dem Wortlaut nach darin lediglich ihre Absicht erläutern, harmonisch offen, d. h. ergänzungsheischend, endet. Wiederum fängt das Altrezitativ den Schlußakkord auf, lenkt ihn aber ebenso rasch über das eigentlich angesteuerte h-Moll hinweg nach D-Dur und weiter nach fis-Moll. Die harmonische Entfernung von der tonartlichen Situation am Schluß des Chorsatzes zeichnet also die gedankliche Abkehr der Worte der Altistin nach, die alsbald von der Beschäftigung mit den Weisen abläßt und mit der neuen Anrede „mein Heiland!“ in einen Monolog eintritt, der die ehemaligen Gesprächspartner nur noch als verallgemeinerten Gegenstand subjektiven Nachdenkens enthält. Obwohl also Bachs Komposition darauf verzichtet, die beiden heterogenen Textschichten dieses aus Evangelium und Hinzudichtung kompilierten Satzes durch typologische Merkmale, etwa im Bereich der Orchestrierung oder des Satztypus, gegeneinander abzuheben und stattdessen ein äußerlich einheitliches musikalisches Gebilde schafft, arbeitet sie doch ebenso subtil wie präzise durch ihre Darstellung der Gesprächsführung darauf hin, daß sich beide Textebenen nicht vermischen. Wo der blanke Verbaltext einen Dialog suggeriert, demonstriert die Komposition, daß die vermeintlichen Gesprächspartner aneinander vorbeireden: Rede und Gegenrede begegnen sich nicht. Wenn nun die beiden folgenden Sätze der Kantate die Lichtthematik weiterverfolgen, so ist damit klar, daß diese allein an den Textstrang der Neudichtung anknüpfen, während der gedankliche Zusammenhang des Evangelienberichts bis auf weiteres unterbrochen ist.

Die an dieser Stelle eingeschobene Choralstrophe, die fünfte Strophe des Liedes „Nun, liebe Seel, nun ist es Zeit“ von Georg Weißel, versieht die an sich selbst schon überaus ariose und ungewöhnlich melismenfrohe Melodie von Bachs Amtsvorgänger Seth Calvisius mit einem Satz von so erregter und zugleich gebändigter innerer Belebung, daß er tatsächlich das Funkeln des Sternenlichts oder die flüssige Bewegung der Feuersglut nachzubilden scheint. Jede einzelne Stimme bewegt sich mit großer melodischer Eigenständigkeit und trägt schon durch ihren eigenen Verlauf der Aussage des jeweiligen Textabschnittes Rechnung. Ihre beträchtliche rhythmische Agilität – vorherrschender Notenwert ist die Achtel, und selten entfallen weniger als zwei Töne auf dieselbe Textsilbe – wird dabei durch die überwiegend in Tonschritten und oft in längeren Skalengängen verlaufende Diastematik abgemildert, jedoch nicht kompensiert. Daß die außerordentlich reiche, auf kürzestem Raum alle Stufen berührende harmonische Fortschreitung ebenfalls meist das Achtelmetrum einhält, verstärkt noch den Eindruck des Funkelns, indem die wechselnden Akkorde mit den wechselnden Tönen der Einzelstimmen immer neue Konstellationen eingehen. Der Umschlag der „trüben Nacht in Licht“ wird durch den Austritt aus chromatischer Beklemmung ins klare Verhältnis des über dem 5. Skalenton errichteten kadenzierenden Quartsextakkordes und anschließender E-Dur-Tonika geradezu musikalisch durchlebt, die künftige Schau des Angesichtes Gottes in der Euphorie des alle Stimmen erfassenden Schlußmelismas imaginär vorweggenommen.

Die Arie *Erleucht auch meine finstern Sinnen*, ein Triosatz für Oboe d'amore, Baß und Violoncello, folgt durchweg dem bei Bach verbreitet anzutreffenden, der Oberflächlichkeit barocker Einzelwortbezogenheit sich dezidiert entgegensetzenden Konzept eines lyrischen Realismus, das die Redesituation des sprechenden Subjekts zum Ausgangspunkt der Vertonung bestimmt. Im vorliegenden Fall bedeutet dies, daß die Komposition sich nicht an der Lichtmetapher ausrichtet, deren Stichwörter ihr die Textvorlage in fast aufdringlicher Häufung zuspielt, sondern sich anschickt, die Gemüts- und Bewußtseinslage dessen zu reflektieren, welcher eine Bitte um Erleuchtung konsistent vorzubringen vermag. Damit diesem nun ein begründetes, also nicht nur ein eingebildetes oder vorgebliches Bedürfnis nach Erleuchtung innewohnen kann, muß vorausgesetzt werden, daß ihm Erleuchtung nicht schon umfassend zuteil ist. Bachs Komposition bevorzugt entsprechend in der Melodik die gekrümmte Linie, in der Metrik die Verwerfung, in der Harmonik das Unebenmaß, im Gesamtaufbau ein Verwinkeltes. So vollzieht die harmonische Entwicklung der ersten Viertaktgruppe, in der die Oboe das spätere Gesangsthema vorstellt, obwohl sie von der Tonika anhebt und mit ihr wieder schließt, keine Kadenz, sondern bewegt sich sofort quintaufwärts zur Dominante, um dann über vierte und zweite Stufe in durchgehend plagaler Akkordfolge auf die Tonika zurückzusinken. Scheint es hier der Musik an der Bachs Personalstil sonst kennzeichnenden vorwärtstreibenden Kraft zu mangeln, so ist der nächste Viertaktabschnitt, der immer wieder zur Dominante zurückfällt, vor allem durch Bewegung ohne echten Fortschritt charakterisiert. Zudem überrascht die Komposition mit einer ungewohnten Fülle an unterschiedlichem motivischem Material, das indessen weniger planvoll angeordnet als vielmehr unschlüssig aufgenommen, ausprobiert und wieder aus der Hand gelegt zu werden scheint, wie ein Bastler ratlos die Teile eines Geräts aneinanderstückelt, dessen inneren Funktionszusammenhang er nicht versteht. Die Verfinsterung des Herzens und der Sinne, von welcher die Dichtung redet, schildert Bachs Komposition also nicht als eine subjektive Depression, sondern als die objektiv vergebliche Suche nach einem Ausweg, deren permanentes, wenngleich unspektakuläres Mißlingen jede Bewegung zu einem Auf-der-stelle-treten werden läßt. Der Einsatz der Gesangsstimme konfrontiert mit einem weiteren Moment der Verhärtung: denn die Verteilung des Textes auf die Töne des eingangs von der Oboe vorgetragenen Themas geschieht in so breitem Zeitmaß, daß jede Silbe auf einen betonten Taktteil fällt. Jeder Silbe ist, mit Ausnahme der ersten und der letzten, der Wert von zwei Achteln zugeteilt, und stets fast werden pro Silbe auch tatsächlich zwei oder gar drei verschiedene Töne berührt. Dieser gleichmäßig schleppende Fortgang haftet sich an die Bitte um Erleuchtung als ein übertriebener Nachdruck oder ein verbissenes Insistieren, das daran erinnert, daß bereits im instrumentalen Vorspiel ein fünffach wiederholter Ton an mehreren Stellen durch indezente Eindringlichkeit auffiel. Der weitere Verlauf der Gesangsstimme findet zwar zu weiträumigeren Bewegungsformen, behält aber selbst in der Koloratur durch sprachwidrige Betonungen und abrupte Änderungen des Bewegungsverlaufs überall etwas Ungelenkes, Zielloses. Ziellos erscheint oft auch die Tonfolge, die bald in Sequenzen eintritt, nur um unverzüglich wieder daraus auszubrechen, bald in ungerichteten Sprüngen, gleichsam sinnlos hin- und hergeworfen, den Tonraum durchkreuzt, um sich am Ende doch nur unweit der Stelle wiederzufinden, an der ihre Irrfahrt begann. Wie zentral für Bachs Komposition der Zustand der Verfinsterung ist, aus dem heraus die Bitte um Erleuchtung ihre Rechtfertigung erfährt, geht nicht zuletzt aus dem Faktum hervor, daß die Vertonung dem zweiten Dichtungsabschnitt, welcher dem Subjekt den frommen Vorsatz in den Mund legt, sich im Handeln vom Licht des göttlichen Wortes leiten und auf diese Weise vom Bösen abhalten zu lassen, nur einen einzigen knappen Durchgang einräumt und, kaum ist dessen letztes Wort ausgesprochen, zwanghaft gleichsam, ohne instrumentales Zwischenspiel, ja ohne die geringste Zäsur und in hastigem melodischem Fortgang, zu dem doch so oft schon bekundeten Erleuchtungswunsch zurückkehrt. Die Grundbefindlichkeit der Musik ist die Not dessen, zu dem das Licht der Menschgeburt Gottes gerade noch nicht vorgedrungen ist, und ehe diese Not nicht Abhilfe erfährt, bleibt jedes noch so hilfreiche Wort für den von Finsternis Umfangenen unentzifferbar.

Das Evangeliumsrezitativ Nr. 48 greift den Handlungsfaden wieder auf, der im Verlauf von Nr. 45 zugunsten der Lichtthematik verlassen worden war, und eröffnet damit den zweiten Teil der Kantate, welcher sich, ausgehend vom Abwehrreflex des Herodes, mit Erwartung und Besitzergreifung des Erlösers beschäftigt. Die Nachricht über des Herodes Entsetzen beantwortet das eingeschobene Libretto-Rezitativ mit einer Belehrung: nicht Schrecken, sondern Freude sei im Angesicht der Geburt des Messias die angemessene Reaktion. Bachs Accompagnato liefert hier, flüchtiger Betrachtung zufolge, nicht mehr als die standardisierte Illustration der schreckgezeugten Erschütterung: eine im Zweiunddreißigstelimpuls erfolgende vierfache Repetition desselben Akkords. Eingehenderer Betrachtung indessen entgeht nicht, daß die Figur, die ab T. 6 desselben Rezitativs das Frohlocken der Erlösten designiert, buchstäblich durch Anbringung zweier Federstriche – bei Auslassung eines dritten – aus dem Schreckensmotiv abgeleitet ist: Halbierung der Notenwerte, Einfügung einer Wechselnote und abspringende Terz also reichen hin, um das Beben der Angst in ein Beben des Lachens zu verwandeln. Die Komposition ahnt und läßt ahnen, daß Schreck und Freude, deren Verhältnis die Dichtung nur als antinomisches zu begreifen vermag, einander verwandt sind, ja im Handumdrehen ineinander übergehen.

Das Vokalwerk Bachs kennt nur wenige Beispiele von solistischen Sätzen, deren Besetzung die Zahl von zwei Gesangsstimmen überschreitet. Der außerordentlichen Vielheit an Duetten stehen nur sehr vereinzelte Terzette gegenüber, von denen das aus BWV 150 in Bachs früheste Schaffensperiode, jene aus BWV 38, 116 und 122 zum Jahrgang der Leipziger Choralkantaten gehören.[2] Daß Bach sich entschloß, den 51. Satz seines Weihnachtsoratoriums als Terzett zu vertonen, hat seinen Grund zweifellos in Struktur und Wortlaut seiner Textvorlage, welche der sich manifestierenden Sehnsucht nach dem Tröster des Gottesvolks die Behauptung seiner realen Gegenwart gegenüberstellt. Zwar weist das Textbuch keine differenzierten Sprechrollen aus, doch setzt der Imperativ, mit dem der dritte Vers der Dichtung sich gegen das zuvor Gesagte auflehnt, implizite eine dialogische Situation voraus, und seine pluralische Form legt die Annahme nahe, daß zumindest die Partei der auf den Tröster Wartenden eine Mehrzahl von Subjekten umfaßt. Bachs Terzett baut die textlich in der beschriebenen Form umrissene Konstellation auf der zahlenmäßig niedrigsten Ebene nach, indem er die Pluralität der Klagenden durch das Stimmenpaar von Sopran und Tenor, die numerisch unbestimmte Partei der Verkünder von Gottes Gegenwart in der Welt durch die Altstimme repräsentiert und die unterschiedlichen Aussagen der aus vier kurzen Versen bestehenden Strophe sinngemäß auf diese Gesprächsteilnehmer verteilt, die damit systematisch die Stellung von dramatis personae an sich nehmen. Unterstrichen wird dieses realistische Moment noch durch den Verzicht Bachs, im textlich eigentlich dafür prädestinierten B-Teil seiner Komposition eine

2 Diese Feststellung relativiert sich freilich angesichts des Sachverhalts, daß in der zeitgenössischen Oper Ensemblesätze noch weitgehend unbekannt sind und der Terminus *Duett* in der Regel den alternierenden, nicht aber den simultanen Gesangsvortrag zweier Stimmen bezeichnet.

Synthese der drei Stimmen herbeizuführen, wodurch das *Jesu, ach so komm zu mir!* der Duettpartner Sopran und Tenor sich nicht als gemeinsamer Wunsch der Christengemeinde, sondern als Bekehrungsreaktion der Harrenden auf die Botschaft über die Ankunft des Heilands versteht.

Musikalisch-inhaltlich zeigt sich der Satz, der durch die ausgesprochen virtuos gestaltete Partie der Solovioline und eine instrumentale Baßstimme zur Fünfstimmigkeit erweitert ist, dem Klagegesang verwandt. Auffällig ist eine an Bach ungewohnte Beflissenheit in der Anwendung des Formelinventars der barocken Musiksprache. Emphatische Synkopen und auf betonter Zeit einsetzende fallende Sekunden bilden die Hauptbestandteile des Themas, die auch als isolierte Floskeln, besonders auf die Wörter *ach* und *wann*, ubiquitär in die Textur des Satzes verwoben sind. Zahlreiche Imitationen zwischen den Gesangsstimmen und nicht enden wollende Wiederholungen der wenigen Worte wetteifern geradezu in der Disziplin der Lamentatio, während die etüdenhaften, Kaskaden gebrochener Akkorde deklinierenden Sechzehntelpassagen der Violine die Zeit lang werden lassen. So jammervoll, so routiniert im Klagen, so ungedulds- und erwartungslos klingt kein Wunsch oder Sehnen, allenfalls der wunschförmig verbrämte Ausdruck längst zur Norm geronnener Entbehrung. Damit stimmt zusammen, daß die Klagenden, wenn die Altistin mit ihrem *Schweigt!* barsch zwischen ihre kunstvollen Gesänge fährt, zwölf lange Takte hindurch gar keine Notiz von diesem Einwurf nehmen und erst nach der neunten Auforderung der bis zu diesem Augenblick buchstäblich unerhörten Botschaft für eine kurze, vorübergehende Weile Gehör schenken (T. 49–51). Indessen ist deren letztes Wort noch nicht erklungen, als das Lamento sich in melismatisch ausgesponnenem, zu terz- und sextparallelen Ghirlanden verpaartem Zwiegesang von neuem erhebt, und nur mit Mühe gelingt es der Altistin, mit ihrer verdrießlich eingeworfenen frohen Botschaft das letzte Wort zu behalten. Zu einer Reaktion darauf lassen sich die beiden Duettpartner erst nach der kompletten, in die Oberquinttonart transponierten Wiederholung des Instrumentalvorspiels herbei; allerdings beschränkt sich diese auf einen Austausch des Verlangens nach dem Erscheinen des Heilands überhaupt in den Wunsch nach seiner Einkehr bei dem einzelnen Subjekt: „Jesu, ach, so komm zu mir!" Bildet indes schon dieses Begehren an sich einen merkwürdigen Widerspruch zu der narrativen Basis der fünften Kantate, die doch gerade das Kommen der Weisen aus dem Morgenland zum Kind in der Krippe und damit das genau entgegengesetzte Bewegungsverhältnis zum Gegenstand hat, so verrät die figurative Verwandtschaft der Melismen, in welche Sopran und Tenor ihre abgewandelte Bitte kleiden, mit den Klagegesängen des ersten Teils der Komposition, wie zäh das Beharrungsvermögen des menschlichen Bewußtseins das welt- und himmelstürzende Ereignis überdauert. Die Nachricht, es sei eingetreten, was die Klagenden dem Wortlaut ihrer Rede zufolge herbeisehnen, beantworten diese mit einer ins nur noch gemäßigt Jämmerliche umgeformten Variante der alten Melodie; und so nimmt es nicht wunder, daß sie, nachdem sie sich eine Weile im Vortrag des aktualisierten Begehrens übten, beiläufig und gleichsam gedankenlos, in das alte zurückfallen. Hätte Bach an dieser Stelle ein *da capo* unter seine Partitur gesetzt, könnte, was noch folgt, als Tribut an die formalen Gepflogenheiten seiner Zeit abgetan werden. Wenn Bach aber die Wiederholung des Vorspiels unterdrückt, die Stimmen vertauscht, die Tonarten transponiert und dennoch, bei minimalen Anpassungen, den gesamten Ablauf der Takte 21–61 reproduziert, so bedeutet diese Wiederholung, gerade indem sie das Formelhafte vermeidet, einen wirklichen Rückfall in den früheren Zustand. Die Intervention dessen, der den Anbruch eines neuen Zeitalters: jenem der Versöhnung des Menschen mit Gott, verkündet, dringt nicht wirklich in das Bewußtsein der Klagenden vor, wie energisch sie auch artikuliert wird. Der Satz nähert sich damit dem Bild einer Menschheit, die das Eintreffen des in ihren Bekundungen sehnlich herbeigewünschten Erlösers mit selbstzufriedener Ignoranz übergeht, um sich ungestört ihrer längst zum Faible gewordenen Liebe zum Leiden zu ergeben. Diese musikalisch vorgenommene Berichtigung dessen, was die Dichtung suggeriert, revidiert indes die Konzeption der gesamten fünften Kantate; denn die im vorangegangenen Rezitativ aufgeworfene Frage „Solltet ihr euch nicht vielmehr darüber freuen?“ scheint nun auf einmal auch an diejenigen gerichtet, die, anders als Herodes, nicht über die Geburt des Christus erschrecken und sich stattdessen epochenlang in ihrer Erwartung übten. Die Revision, der das Libretto den Bericht des Evangeliums unterzog, indem es jenseits der präsumtiven Christusmörder die Gemeinde der frommen Herzen halluzinierte, wird durch die Komposition zurückgenommen, in ihrer Trennung von Gott findet die Menschheit sich wieder vereint. Bachs Terzett erinnert daran, daß es eine Faszination der Trübsal gibt; seiner Klage eignet Schönheit und Adel, während die Überbringerin der frohen Botschaft durch groben Befehlston und ungefällige Syllabik wenig dazu beiträgt, für das einzunehmen, was sie mitzuteilen hat. Das menschliche Elend, so gibt die Musik zu verstehen, ist ein objektiver Zustand, dem das subjektive Empfinden keineswegs entsprechen muß, und die Pforte des Heilswegs verlockt weder durch Anmut noch durch prunkvolle Ausstattung. In gewisser Weise reproduziert sich in dieser Konstellation die Stallgeburt Gottes inmitten einer Menschheit, die das Elend ihrer Gottesabgeschiedenheit in Kultur umzuwandeln gelernt hat.

Entwarf also das Libretto die madrigalischen Sätze der zweiten Kantatenhälfte als Gegenbilder des herodianischen Schreckens, die dessen heftiger Abwehrbewegung die einladende, ja vereinnahmende Gebärde des Willkommensgrußes gegenüberstellen, so muß die musikalische Umdeutung, welcher Bachs Vertonung den Wortlaut gerade des Terzetts unterzieht, den Anschluß der beiden die Kantate beendenden Sätze als Gedankensprung erscheinen lassen. „Mein Liebster herrschet schon" kann kaum jemand konstatieren, der noch im vorangegangenen Stück dokumentierte, wie wenig Raum er dem Neuankömmling in seinem Leben zu gewähren bereit ist und welch untergeordnete Bedeutung er dessen Eintritt in sein eigenes Leben beimißt. Belehrt, daß *meines Jesu Thron* ein Herz von solch unerfreulicher Beschaffenheit und keineswegs eine Stätte ist, wo jener „mir und ihm zur Lust" wohnt, wird der Hörer empfänglich für die vielfältigen Bescheidenheitszeichen, mit welcher die Choralstrophe am Schluß der Kantate die glanzvolle Ruhmesfeier des Beginns konterkariert. Nun erst wird vernehmlich, daß die *finstre Grube* ja lediglich von fremdem, nämlich dem göttlichen Licht erhellt wird und daß es ein *Gnadenstrahl* ist, der da hineinfällt; und auch die Wendung, jenes Verlies werde durch solche Erhellung *voller Sonne dünken* rückt auf einmal ab von dichterischer Notdürftigkeit und gewinnt entzifferbaren Sinn: es wird darin nicht tatsächlich licht, es kann nur licht erscheinen, und auch das allein solange der Gnadenstrahl auf ihm ruht. Mit ruhigem Bedacht desavouiert Bachs Komposition die Überzeugung seines Textbuches, welche den individuellen Menschen als die Wahlheimat seines Wunschkindes Jesus feiert, und setzt ihr die bittere Wirklichkeit der menschlichen Natur entgegen, die Gottes gnädiger Herbeikunft fort und fort bedürftig bleibt.

Sechste Kantate: „Herr, wenn die stolzen Feinde schnauben“

Im Unterschied zu den Kopfsätzen der drei vorausgehenden Kantaten, weist der Eingangschor der sechsten eine zumindest allgemeine Verbindung zu den in ihr behandelten geschichtlichen Ereignissen auf; denn in der Rede von den stolzen Feinden ist mühelos eine Anspielung auf den Herrscher von Jerusalem, den König Herodes, zu erkennen, und die geäußerte Gewißheit, durch vorbehaltloses Gottvertrauen den Nachstellungen dieses Feindes entkommen zu können, bezieht ihr Vorbild unübersehbar von den Weisen, die, einer göttlichen Eingebung folgend, nach ihrem Besuch an der Krippe, von ihrem ursprünglichen Vorhaben, dem König den erbetenen Bericht zu liefern, Abstand nehmen und stattdessen auf direktem Weg in ihre Heimat zurückkehren. Das eigentliche Zentrum des Geschehens: die Ankunft der Weisen am Stall von Bethlehem und die dem Kind in der Krippe erwiesene Ehrerbietung, dem gegenüber die anderen Begebenheiten doch eher den Rang von Begleitumständen einnehmen, findet in der Dichtung hingegen überraschenderweise keinen Niederschlag – und nicht nur der Kopfsatz, die ganze Kantate geht, soweit sie Neudichtung ist, mit keinem Worte darauf ein. Die Auswahl der Gegenstände, welchen der Eingangschor seine Aufmerksamkeit zuwendet, darf also als programmatisch gelten und gibt Auskunft über die Intention, welche der Dichter mit seinem Schlußstück des Oratoriums verfolgte: Nicht eine zweite, jene der Hirten nur variierende Anbetungsszene sollte die Geschichte von der Geburt Christi beschließen, sondern der Ausblick auf den von der Christgeburt seinen Ausgang nehmenden künftigen Sieg des Gottesreiches über seine sinistren Widersacher. Schon der Autor der mehr als zehn Jahre älteren Kantate BWV 40 deutete die Geburt Jesu ganz als maßgebliche Vorentscheidung im Kampf Gottes gegen die Mächte der Finsternis: „Dazu ist erschienen der Sohn Gottes, daß er die Werke des Teufels zerstöre“, zitiert er Paulus, um selbst, an Satan gewendet, hinzuzusetzen: „Der dir den Kopf als ein Sieger zerknickt, ist nun geboren“. Die Weihnachtsgeschichte vollendet sich im Absturz der Sünde in die Bedeutungslosigkeit, und so begehrt das letzte Stück des Weihnachtsoratoriums, diese Entmächtigung des Bösen als antizipierte Siegesfeier des Guten zu begehen.

Die Verengung des Gegenstandes auf den Triumph der Gottesherrschaft führt auf Seiten des Librettos eine spürbare Verarmung nicht allein der Aussage, sondern auch der Sprache und des metaphorischen Inventars herbei. Allzu verbunden ist im Zeitalter des Absolutismus der Beruf des Dichters mit dem Auftrag der Berühmung seines Fürsten, als daß nicht die Zurschaustellung fürstlicher Macht und Gewalt die Form eines standardisierten Repertoires an sich genommen haben könnte, dessen Breite und Verfügbarkeit die kreativen Kräfte des Poeten ebenso lähmt wie entbehrlich macht. Die Dominanz dieses Fundus an Floskeln und Formeln über den produktiven Geist scheint so stark gewesen zu sein, daß selbst die Herausforderung, eine Herrschaft zu imaginieren, welche alle irdische Herrschaft zunichte macht, Bachs Librettisten nicht davon abhalten konnte, jene nach dem Vorbild dieser zu modellieren und Gott respektive Christus gleichsam als Überkönig an die Spitze der Pyramide zu stellen, zu welcher das System der irdischen Gewalten sich ungefährdet erhebt. Beide madrigalischen Komplexe der Kantate: jener der Sopranarie mit dem ihr vorausgehenden Rezitativ und der spätere, der sich aus Rezitativ und Arie des Tenors sowie dem Gemeinschaftsrezitativ aller Solostimmen zusammensetzt, zitieren daher ikonographische Schablonen, in denen Herrschaft sich zu bespiegeln und wiederzuerkennen sich angewöhnt hat. Grundfigur beider Vorstellungen ist dabei die Schutz und Sicherheit gewährende Macht der Übermacht über die geringeren Mächte. In der Sopranarie erscheint diese im Bild des Regenten, der durch eine Handbewegung oder ein dahingeworfenes Wort ausrichtet, was die ihm an Kräften unterlegenen Herren auch unter Aufbietung aller Geistes- und Körperkraft nicht zu bewerkstelligen vermögen. Der Komplex um die Tenorarie hingegen bespiegelt die überlegene Gewalthaberschaft des Regenten in der Figur seines Schützlings, welcher, des unüberwindlichen Beistands seines Schutzherrn gewiß, in sicherer Deckung sich provokativ dem Genuß der Feindesverachtung hingibt. Die inkommensurable Stärke des Fürsten schafft um ihn herum einen Bezirk der Unangreifbarkeit, die jeden, der sich dort aufhält, in abgeleiteter Weise an der Herrschaft zu beteiligen scheint. Der Bedrohung vermag der Schützling zu spotten, weil fremde Gewalt sie von ihm abhält: „Was will uns Welt und Sünde tun?“ So gewohnt ist barocke Dichtkunst, den Potentaten zu rühmen und seine Machtausübung als Wohltat am Volk zu rechtfertigen, daß sie die fundamental andere, nämlich aus Erniedrigung resultierende Herrschaft jenes Kinds in der Krippe nur mit inadäquaten Bildern zu beschreiben vermag.

Der triumphalen Grundhaltung des Librettos trägt Bachs Komposition uneingeschränkt Rechnung – freilich ohne sie zu teilen. Daß sie über ein weitaus breiteres und zugleich differenzierteres Repertoire an Mitteln verfügt, wenn es darum geht, die Herrschaft des Siegreichen auszumalen, erlaubt es ihr, durch die überdeutliche Pointierung der dichterischen Aussage deren ungebrochene Selbstverständlichkeit reflektorisch aufzuspalten. Dies gilt indessen nicht für den Eingangschor, den Bach, obschon er seinem Wortlaut nach durchaus auch als Gebet verstanden werden könnte, zum glanzvollsten Satz des ganzen Oratoriums entwickelt. Nicht allein kehren mit Trompeten und Pauken die musikalischen Insignien fürstlicher Herrschaft in das Orchester zurück, vielmehr wird ihnen auch anstelle der eher dekorativen, Glanzlichter setzenden Funktion, die sie etwa im Kopfsatz der ersten Kantate wahrnehmen, eine entschieden umfangreichere und tragendere Rolle im orchestralen Gesamtgeschehen zugewiesen. Das ausgedehnte instrumentale Vorspiel weist mit seinen Solo-Tutti-Kontrasten, deren imitatorisches Verhältnis Anklänge an die volkstümliche Vorsängerpraxis aufkommen läßt, ausgesprochen konzertanten Charakter auf. Sein Thema, das später auch dem ersten Abschnitt der Chorfuge zugrunde liegt, hebt mit einer Folge stufenweise vergrößerter aufwärtsgerichteter Intervalle an, der gegen Ende des Instrumentalteils eine doppelt so lange Reihe sich stufenweise verkleinernder korrespondiert, und stellt damit Aufstieg und Niedergang als den zentralen Gegenstand dieses Satzes heraus, dessen plakative Exposition auch die für sich genommen wenig aussagekräftigen Auf-und-Ab-Bewegungen des Sequenzierungsgeschehens mit seiner metaphorischen Energie infiziert. Aus dem viertaktigen Trompetenthema, ergänzt durch zwei durchgehend beibehaltene Kontrasubjekte, errichtet der nach 48 Takten einsetzende Chor eine vierstimmige Fuge, deren gestaffelte Einsätze das Auf und Ab der feindseligen Auseinandersetzung noch etwas plastischer veranschaulichen und deren einzige Durchführung zunächst mit dem ersten, dann bei getreuer Wiederholung ihres musikalischen Ablaufs, mit dem zweiten Vers der Dichtung unterlegt ist. Den dritten Vers stattet Bach zwar mit einem eigenen, wiederum in absteigender Sequenz fortschreitenden Thema aus, lagert jedoch den vierten und fünften Themeneinsatz der auch hier in Fugentechnik gearbeiteten Anlage an die Instrumentalstimmen aus (1.

Trompete bzw. 1. Violine, 1. Oboe und 2. Trompete) und faßt darunter im Chor den gesamten bis dahin vorgetragenen Text nocheinmal in freipolyphonem Satz zusammen. Ein viertaktiger Ausschnitt des Instrumentalvorspiels – ursprünglich der chromatisch eingefärbte Schlußbaustein seines ersten Teils und hier wie dort auf der Oberquinte kadenzierend – leitet über zum mittleren Kompositionsabschnitt des Satzes, der den vierten, fünften und sechsten Vers der Dichtung wiedergibt. Auch dieser ist als Fuge konzipiert, besitzt allerdings ein weniger aussagegeladenes Thema und verzichtet auf die strenge kontrapunktische Bindung, die den ersten Abschnitt charakterisierte. Die Beibehaltung des akzentuiert triolischen Gestus der Musik und die Wiederverwendung einer Streicherfigur im Bereich des Kontrasubjekts, welche am Satzbeginn das Trompetenthema unterfüttert, verleihen dem Gesamtkomplex der großformal dreiteiligen Anlage eine ostentative Einheitlichkeit, die sich an der im Text beschworenen Beistandsgemeinschaft von Herrscher und Beherrschten oder König und Reichsvolk inspirieren mag. Die Wiederkehr des ersten Kompositionsabschnitts verändert nicht nur die Einsatzfolge der Stimmen, sie verlegt auch in der zweiten Fuge („nach deiner Macht …") die späteren Einsätze in den Chor zurück und baut die schon zweimal als Gliederungselement herangezogene Viertaktgruppe aus dem Vorspiel gleich einem Doppelpunkt in den Ablauf ein, hinter dem die ersten drei Textzeilen in homophoner Bündelung, ja nachgerade skandierend, in einer letzten Bekräftigung wiederholt werden. Im Angesicht des Feindes und unter dem Schutz der unüberwindlichen Macht des eigenen Herrschers wächst dessen anfangs in Staffeln aufgestelltes Volk zum Monolithen zusammen.

Die Nachricht, Herodes habe die Weisen, sobald er ihnen den Weg nach Bethlehem gewiesen hatte, unter dem Vorwand, selbst zum Kind in der Krippe pilgern zu wollen, zu Kundschaftern im Dienste seiner finsteren Pläne eingesetzt, nutzen Rezitativ und Arie des Soprans zu einer Betrachtung des extremen Ungleichgewichts zwischen menschlicher Intention und göttlicher Vorsehung. Die verhohlenste Absicht selbst eines Potentaten, so die Auskunft, richtet nichts gegen den Heilsplan Gottes aus, da sie zum einen vorab schon durchschaut, zum anderen von der Allmacht jederzeit mit einem Federstrich durchkreuzt werden kann. Bachs Vertonung bettet das Rezitativ der Gesangsstimme zwar in ein Streicheraccompagnato ein, verzichtet jedoch auf jegliche Motivik und beläßt es auch in der Ausformung der Gesangspartie bei einer auf plastische Deklamation bedachten Textwiedergabe. Lediglich die Schlußwendung auf die Worte „sehr wohl bekannt“ und ihre variierte Imitation durch die 1. Violine zeigen eine bei Bach ganz ungebräuchliche Bewegung, deren voreilige Ankunft auf der Tonika, gerade durch den eilfertigen Beifall der Instrumente, einen seltsam wichtigtuerischen Unterton entwickelt.

Daß es sich bei der Sopranarie um ein eigenartiges Gebilde handelt, bezeugt schon der Sachverhalt, daß die Solostimme nur an etwa einem Drittel des musikalischen Geschehens beteiligt ist. 60 ihrer 96 Takte sind dem Orchester vorbehalten, und selbst dort, wo die Gesangsstimme hinzutritt, verdoppelt sie nur schon vorhandene Instrumentalpartien, wenn sie sich nicht gar allen Anspruchs auf melodische Eigenständigkeit begibt, um sich als eine Art textierte zweite Violinstimme in den Instrumentalsatz einzuordnen. Bau und Botschaft dieser (übrigens von fast allen Interpreten in sträflicher Weise mißhandelten) Komposition erschließen sich indes erst aus der Retrospektive; denn das, was im Zusammenhang der Arie als instrumentales Nachspiel fungiert, ist in Wahrheit ein in sich abgeschlossener Tanzsatz von dreiteilig reihender Form, aus dessen dissoziierten und reproduzierten Gliedern sich die gesamte ihm vorausliegende Komposition zusammensetzt. Der Tanzsatz ist streng in Viertaktgruppen gegliedert, die sich jeweils paarweise zu periodenartigen, durch Kadenz abgeschlossenen Abschnitten verbinden. Die erste Viertaktgruppe des ersten Abschnitts erfährt dabei eine wörtliche Wiederholung, welche sich, da sie ausnotiert ist, in der zahlenmäßigen Erfassung des Satzbaues als Unregelmäßigkeit niederschlägt, während der wirkliche kompositorische Sachverhalt eine Folge von drei gleichwertigen, nämlich achttaktigen Bauteilen ausweist. Die dem Reihungsprinzip gehorchende materielle Formgebung wird dabei auf harmonischer Ebene durch eine zyklische Bewegung überwölbt, die mit der Grundtonart A-Dur anhebt, am Ende des ersten Achttaktabschnitts die Oberquinte erreicht, von dort rasch zur Paralleltonart fis-Moll übergeht und mit Beginn des dritten Abschnitts, nach kurzer Berührung des Unterquintbezirks, zur Tonika zurückführt. Die kompositorische Gesamtanlage des Tanzsatzes beschreibt sich also gemäß folgendem Schema:

Formteile	a_1	a_1	a_2	b_1	b_2	c_1	c_2
Ausdehnung in Takten	4	4	4	4	4	4	4
Tonarten	A	A	cis/E	h/fis	fis	D/A	A

Der formalanalytische Befund legt nahe, in der Arie ein Ableitungsprodukt eines präexistenten Instrumentalsatzes zu erblicken; allerdings findet sich für diese Vermutung keinerlei entstehungsgeschichtlicher Anhaltspunkt. Gleichwohl gibt es, mit Ausnahme der Sopranarie aus der Pfingstkantate BWV 68, in Bachs gesamtem Kantatenschaffen kein weiteres Beispiel eines Solosatzes, in dem die stringente Anordnung der kompositorischen Formteile zunächst aufgeschoben und dann im instrumentalen Nachspiel nachgeholt wird. Hier, in der sechsten Kantate des Weihnachtsoratoriums, findet der erste, zwölf Takte umfassende Abschnitt des Nachspiels der Instrumente zunächst als Orchestereinleitung Verwendung, ehe er, materiell identisch, zum ersten Gesangsabschnitt umgeformt wiederholt wird. Die beinahe deckungsgleiche Übereinstimmung beider Applikationen wird dabei durch punktuelle Auflockerungen im Streichersatz sowie gelegentlichen Stimmentausch zwischen Sopran und erster Violine nachlässig verschleiert. Der vollständige Vortrag des je achttaktigen zweiten und dritten Tanzabschnitts bildet das instrumentale Zwischenspiel zu einem weiteren Gesangskomplex, der sich einer etwas eingehenderen Untersuchung unschwer erneut als eine leicht dissimilierte Fassung desselben zu erkennen gibt. Bach hat hier die beiden Achttaktperioden des originalen Instrumentalsatzes durch den Einschub von jeweils zwei Zweitaktgruppen zur Zwölftaktigkeit erweitert und sie durch ein unthematisches viertaktiges Zwischenspiel voneinander separiert, also wiederum durch geringe Retuschen die allzu offenkundige Identität von Orchester- und nachfolgendem Soloabschnitt kaschiert, ohne doch ernstlich in die Substanz der Ausgangskomposition einzugreifen. Schließt also die Arie mit einem in sich konsistenten Instrumentalsatz ab, so beschreibt sich die gesamte ihm vorausgehende Komposition als eine durch interne Wiederholungen und Zusätze unähnlich gemachte Verdopplung, die durch die textliche Zuordnung des ersten Dreizeilers zur ersten Tanzperiode und die zweifach vollständige Unterlegung des zweiten Dreizeilers unter die Musik des zweiten und des dritten eine auffällige Nähe zu dem bei Bach häufig anzutreffenden Bautypus einer ABB-Anlage suggeriert:

<table>
<tr><td>$a_1 a_1 a_2$</td><td>$a_1 a_1 a_2$</td><td>$b_1 b_2$</td><td>$c_1 c_2$</td><td>$b_1' b_2$</td><td>x</td><td>$c_1' c_2$</td></tr>
<tr><td>12</td><td>12</td><td>8</td><td>8</td><td>12</td><td>4</td><td>12</td></tr>
<tr><td>Vorspiel</td><td>1. Solo
1. Text</td><td colspan="2">Zwischenspiel</td><td>2. Solo
2. Text</td><td>Zwsp.</td><td>3. Solo
2. Text</td></tr>
</table>

<table>
<tr><td>$a_1 a_1 a_2$</td><td>$b_1 b_2$</td><td>$c_1 c_2$</td></tr>
<tr><td>12</td><td>8</td><td>8</td></tr>
<tr><td colspan="3">Nachspiel</td></tr>
</table>

Ob Bach in dieser Arie tatsächlich einen älteren Instrumentalsatz, etwa aus seiner Zeit als Köthener Hofkapellmeister, wiederverwendet hat und ob Zeitnot ihm eine möglichst aufwandsarme Bearbeitung geraten scheinen ließ, läßt sich heute wahrscheinlich nicht mehr ermitteln. Es ist für das Verständnis der Vertonung diese Frage allerdings auch von weitaus geringerer Relevanz als der Sachverhalt, daß die Komposition in der Gestalt, wie das Weihnachtsoratorium sie präsentiert, sowohl formal als auch gemäß der Anteile, welche dem Gesang einerseits und der reinen Instrumentalmusik andererseits zugewiesen sind, sich unverkennbar als ein Stück Orchestermusik gebärdet, zu dem das vokale Element nur gelegentlich und als Nebensache hinzutritt. Entfernt erinnert Bachs Verfahren hier bereits an die Ballszenen Verdis, in denen das zum Tanz aufspielende Orchester den Protagonisten auf der Bühne wirkungsvolle Deckung für geraunte Verschwörerworte und getuschelte Indiskretionen liefert. Am absolutistischen Hof war Tanz das ritualisierte Divertissement, in seiner kollektivierend leerläufigen Mechanik ostendierte sich der zur Pflicht erhobene Müßiggang. Wer am Tanz teilnahm, versah keine Amtsgeschäfte, auch wenn seine Stellung bei Hofe ihm diese Teilnahme gebot. Namentlich der gespreizte, streng formalisierte, artefizielle Tanz des Barock, wie ihn die vorliegende Arie durch ihr *Largo e staccato* verkörpert, ist argwöhnisch darauf bedacht, keinen seiner Teilnehmer auch nur für Augenblicke aus seiner Inanspruchnahme durch das Eitle, Überflüssige zu entlassen. Auch der Monarch wird, sobald er sich in die Tanzformation einreiht, vom Zeremoniell des

Zweckfreien absorbiert und somit von seinen Regierungsgeschäften abgezogen. Herrscherliches Handeln muß daher, solange der Tanz andauert, soll dieser nicht Störung oder Unterbrechung erleiden, notwendig in unscheinbarster Gestalt und mit dem geringsten Aufwand an wahrnehmbarer Aufmerksamkeit vonstatten gehen. Zwischen Bachs Komposition, in welcher der Gesang sich gleichsam nur in das im Gang befindliche musikalische Geschehen einschaltet, ohne diesem weiter Eintrag zu tun, und dem die Cours anführenden Regenten, der, ohne die Schrittfolge zu verletzen, durch einen unauffälligen Wink mit der Hand oder eine hochgezogene Augenbraue seine Weisungen erteilt, herrscht also strukturelle Übereinstimmung. So übermächtig ist jener Herrscher zu denken, daß eine leise Gebärde, so nebensächlich wie die Gesangsstimme im Zusammenhang dieser Arie, seine Feinde vergehen läßt. Dem Verfahren seines Librettisten, die Allmacht Gottes und die satansüberwindende Gewalt seiner Heilstat in den Kategorien absolutistischer Fürstenherrschaft auszumalen, leistet Bach mit seiner Vertonung hier uneingeschränkt Folge. Daß die von der Musik entworfene Metapher weit komplizierter verschlüsselt und hintergründiger ist als die konfektionierten Bilder, mit denen die Dichtung aufwartet; daß sie darüber hinaus mit pikantem Nebensinn behaftet ist – immerhin verlangt ihre Auflösung die Vorstellung eines tanzenden Gottes – beleuchtet ein weiteres Mal die epochale Differenz, um welche sich Bachs Schaffen über die geistigen Schablonen seines Zeitalters erhebt.

Es mag Zufall oder aber eine List der kompositorischen Anlage der sechsten Kantate von Bachs Weihnachstoratorium sein, daß der Reflex gerade jenes Ereignisses im Bericht des Evangelisten, welchem das Libretto jede Beachtung versagt, präzise deren arithmetische Mitte einnimmt und so auf Umwegen doch noch zu jener Würdigung gelangt, die seiner zentralen Stellung in diesem letzten Abschnitt des Weihnachtsgeschehens entspricht. Unverkennbar programmatisch hingegen ist der Kontrast, mit dem Bach diese ganz aus dem Geist der humilitas gestaltete Choralstrophe gegen den teils martialischen, teils überheblich-herablassenden Ton ihrer kompositorischen Umgebung abhebt. Ringsum sonnt sich eine, kaum befreit, schon wieder saturierte Christenheit im Glanz eines Sieges, den nicht sie errungen hat – hier erniedrigen sich heidnische Würdenträger vor dem Kind in der Krippe, ehren es mit Geschenken und geben sich ihm hin im Gebet. Bezeichnenderweise verwendet Bach für den Choral, der diese Szene verinnerlichend festhält, nicht die von ihm selbst für Schemellis Gesangbuch geschaffene Melodie[3], sondern die damals gebräuchliche von Martin Luther, die durch geringen Tonumfang und ganz überwiegend skalenförmige Fortschreitung ein ausgesprochen flaches melodisches Profil entwickelt. Der Satz, mit dem Bach diese Melodie versieht, wahrt in jeglicher Hinsicht den von ihr vorgezeichneten Grundzug der Bescheidung. Das harmonische Gefüge ist kunstvoll angelegt, meidet aber jede aufsehenerregende Wendung, entfernt sich einzig im drittletzten Takt durch einen drei Akkorde währenden Besuch bei der Mollparallele von der Haupttonart und bestätigt fünf der sieben Versenden durch Ganz-, einen weiteren durch Halbschluß. Die Stimmführung verläuft überall in sanft gewellter Bahn und mit gleichmäßig fließender, gedämpfter Bewegung. Tenor und Alt beschränken, wie die Melodiestimme, ihren Ambitus auf den Oktavraum, lediglich der Baß nimmt das Spektrum einer Duodezim in Anspruch. Da Bach den Choral überdies in G-Dur ansiedelt (A-Dur wäre im Hinblick auf die voraus liegende Arie und das anschließende von h-Moll nach fis-Moll modulierende Evangelistenrezitativ durchaus naheliegend gewesen) bewegen sich die drei Oberstimmen durchweg in den unteren beiden Dritteln des Umfangs ihrer jeweiligen Stimmgattung, so daß notwendig ein gedeckter Gesamtklang entsteht. Inmitten schallend auftrumpfenden Siegerstolzes und überlaut bekundeter Heilsgewißheit eröffnet sich so eine Oase stiller Einkehr, wo die Geringschätzung der Kraft nicht bloß behauptet, sondern wirklich praktiziert wird. Ist es nicht in jenem vom festlichen Glanz in den Schatten der Unscheinbarkeit gestellten Geschehen, daß die christliche Umkehr des Menschen sich vollzieht?

Zeitgenössischer Allegorik zufolge, muß die zweite Arie der sechsten Kantate ebenso wie das ihr vorangestellte Rezitativ dem Sopran zugedacht gewesen sein, handelt es sich doch ganz unverkennbar um ein imaginäres Gespräch der Seele mit ihrem himmlischen Bräutigam. Unbefangene Konzentration auf die Dichtung, die Bachs allzu gegenwärtige Vertonung ausblendet, entdeckt denn auch neben bis zur Aufdringlichkeit gesteigerten Bekundungen eines zügellos

3 Ein genaues Entstehungsdatum der bei Schemelli veröffentlichten Komposition ist nicht zu ermitteln. Da Schemellis Gesangbuch erst 1738 publiziert wurde, ist natürlich denkbar, daß Bachs Beiträge dazu in unmittelbarer Nähe des Veröffentlichungszeitpunkts anzusiedeln sind, sodaß die neue Melodie zu Gerhardts Lied *Ich steh an deiner Krippen hier* 1734 möglicherweise noch gar nicht existierte. Wenn Bach allerdings für seinen Schemelli-Beitrag das Bedürfnis einer Neukomposition verspürte, so scheint dasselbe bei der Abfassung des Weihnachtsoratoriums noch nicht vorgelegen zu haben.

gewordenen Überlegenheitsgefühls Augenblicke der Zärtlichkeit, ja sogar der träumerischen Beseligung. Sätze wie „Ich weiß gewiß, er liebet mich“ oder „Sein Arm wird mich aus Lieb mit sanftmutsvollem Trieb und größter Zärtlichkeit umfassen“ haben an anderem Ort Bach dazu veranlaßt, seiner Musik einen Ton innigster Ergriffenheit und Verzückung einzuhauchen, wie er bis hin zum späten Mozart in der Musikgeschichte niemals zu vernehmen war. Hier indessen leiht die Komposition ihr Ohr ganz den schrillen Tönen, die der Text ebenfalls in reicher Fülle absondert: dem trotzig hingeschleuderten „mein Hort ist hier bei mir“, dem anmaßenden „werd ich ängstlich zu dir flehn, (…) so laß mich Hilfe sehn!“ und dem großsprecherischen „droht nur, mich ganz und gar zu fällen“, und läßt es zu, daß die nachdenklicheren oder einfühlsameren Aussagen mit jener Gebärde des Mutwillens infiziert und von ihr verdorben werden. Daß Bach die beiden Sätze dem Tenor anvertraute und damit die von der Dichtung betriebene Evokation des Bildes vom Seelenbräutigam zunichte machte, scheint dieselbe Absicht zu verraten, zumal da die erste Arie der Kantate keinerlei Festlegung auf ein bestimmtes Stimmfach erkennen läßt und ebenso eine Ausführung durch Alt, Tenor oder Baß gestattet hätte. Die Wiedergabe von Liebeserklärungen an eine als Bräutigam angesprochene Person durch eine Tenorstimme aber beraubt schon durch die performative Konstellation ihre Aussage sowohl des Lieblichen als auch des mystischen Hintergrunds und färbt die Devotion in einen Besitzanspruch, die Liebesbeteuerung in einen Treuschwur um, der Gegenseitigkeit verlangt.

Bachs Vertonung gliedert das Rezitativ in fünf gedankliche Abschnitte, die zunächst dem syntaktischen bzw. formalpoetischen Bau der Dichtung folgen, sich später jedoch signifikant über diesen hinwegsetzen und vermöge dieser Abweichung ein intentionales Moment als Motiv des kompositorischen Handelns ins Spiel bringen. Die einzelnen Abschnitte werden durch kurze, motivisch geprägte Einschübe der begleitenden Instrumente – zwei Oboen d’amore und eine Baßstimme – interpunktierend voneinander getrennt und geben die Worte der Dichtung über liegenden Akkorden in resolut deklamierender, zuweilen gar heftig gestikulierender, gleichsam überzeichnet realistischer Weise wieder. Der die ersten drei Verse umfassende Abschnitt ist als Zurückweisung eines imaginären Begehrens angelegt, die zunächst in lapidar fallender Melodik die Feststellung vorbringt: „Mein Schatz geht nicht von hier“, um dann hochfahrend die Bekräftigung „Ich will ihn auch nicht von mir lassen“

hinterherzusetzen. Die Komposition verschafft also dem Subjekt einen überaus entschlossenen Auftritt und hebt in fast bizarrer Vergrößerung die vereinnahmende Bewegung hervor, mit der jenes Jesus als das Objekt seiner Liebe sich aneignet. Im zweiten Dreizeiler, der die Verse 4 bis 6 umfaßt, ist die Melodik stärker vom Vorstellungsgehalt bestimmt, der durch die Wörter *Sanftmut* und *Zärtlichkeit* umrissen ist. Der dritte Abschnitt des Rezitativs ist auffällig beiläufig gehalten, obwohl doch gerade er den mystischen Bund zwischen der Seele und Christus beschwört und die Beteuerung enthält, dem Geliebten „Brust und Herz" verschreiben zu wollen. Den nun folgenden Dreizeiler (Vers 9–11) zieht Bach mit der anschließenden Zweiversgruppe zu einem durchgehenden Redezusammenhang zusammen, in den Interventionen der Instrumente zwar zweimal strukturierend eingreifen, ohne aber die entscheidende Schnittstelle zwischen dem elften und dem zwölften Vers zu markieren. Wiederum hebt die Melodiegebung grell die Aussage hervor, in der das Subjekt seine eigene Befindlichkeit artikuliert, und läßt nach diesem *Ich weiß gewiß* den Inhalt seiner Gewißheit: empfangene und erwiderte Liebe, ins Halbdunkel eines rhythmisch ungestalteten Redevortrags in tiefer Lage zurücksinken. Die fehlende Zäsur vor der rhetorischen Frage „Was könnte mich nun für ein Feind bei solchem Glück versehren?" integriert dann diese zunächst abwegig erscheinende Disposition in einen stimmigen Zusammenhang, indem sie das *nun* als eine Konsekution zu verstehen lehrt, zu welcher die voranstehende Aussage des *Ich weiß* lediglich die Voraussetzung angibt. Indem der Inhalt der Gewißheitsbehauptung durch die Musik auf jene rhetorische Frage ausgerichtet wird, die, wie nach einem Doppelpunkt, in aggressiv trommelndem Staccato und plötzlich wieder exponierter Lage losbricht, bestimmt sich das darin zum Ausdruck drängende Gefühl unbedrohter Geborgenheit als das intentionale Zentrum des gesamten Gedankenganges, welches im Christusverhältnis lediglich seine Verankerung sucht. Die das Rezitativ abschließende Bitte um Beistand im Falle der Gefahr, bezeichnenderweise bereits vom Text im Modus des Imperativs vorgetragen, nimmt dementsprechend in der Vertonung durch den breiten Nachdruck der silbentragenden Achtel und deren unnachgiebig dem Grundton zustrebenden Abstieg fast den Charakter von Nötigung, wenigstens aber den einer eindringlichen Beschwörung an.

Die anschließende Arie des Tenors entschlägt sich dann vollends der mystischen Diktion, die dem Rezitativ zumindest als verdrängte noch eignet, und verlegt sich, in entschlossener Extrapolation ihrer Textgrundlage, ganz auf die Sprache der Militanz. Dabei dringt sie nirgends bis zu jener Haltung gelassen-überlegener Souveränität vor, welche ihre Worte prätendieren; vielmehr wohnt jedem ihrer Züge ein Gewaltsames inne, welches sie bei allem Eifer nicht abzustreifen vermag. Während sie Gottvertrauen und darauf gegründete Selbstgewißheit zur Schau trägt, verschanzt sie sich in Wahrheit hinter verbissener Wehrhaftigkeit, der noch die Leugnung der eigenen Angst zur Drohgebärde gerät. Ihr maßgebliches Organisationsprinzip ist die Wiederholung, ihre vorherrschende Bewegungsform das Aufderstelletreten. Ihr Thema repetiert zunächst eine engräumig den Grundton umkreisende Viertonfigur, sprengt dann mit brüskem Sprung die selbstangelegten Fesseln, nur um von der erreichten Sexte aus schließlich doch in unaufhaltsamem Niedergang sich der Anziehungskraft des Grundtons hinzugeben. Dieser ganze, vier Takte in Anspruch nehmende Vorgang wiederholt sich nun ohne jegliche Modifikation seiner kompositorischen Faktur auf die Worte des zweiten Verses der Textdichtung, ehe der dritte Vers, durch Pausen in Zweiwortgruppen zerklüftet und mit dem Nachdruck doppelten Textvortrags, sich noch grimmiger in Harnisch wirft. Die Pose der Einschüchterung indes erstarrt auf der Septe des Dominantseptakkords (T. 32), das erhobene Schwert rast nicht auf den Angreifer hernieder, vielmehr zieht sich die Musik auf die Anfangstakte des Themas zurück, um von dort aus weiter den Schutzwall ihrer Drohungen um sich aufzutürmen: „Nun mögt ihr stolzen Feinde schrecken". Die Wiederholung des Themas folgt diesmal, gleichsam mit erhobener Stimme, auf der Oberterz, um dann im vierten, planmäßig eigentlich bereits schließenden Takt zu einer weiteren Steigerung auszuholen, welche den melodischen Verlauf durch seine harmoniewidrige Tonfolge (nach dem Leitton erscheint ein aufwärtsgerichteter Septakkord auf dem Grundton, der auf der kleinen Septe, also dem Nicht-Leitton, gipfelt) und die von der Erweiterung verursachte metrische Überdehnung der Phrase bedrohlich aus dem Gleichgewicht bringt. Erneut stößt der Sänger die gleichsam zu Wurfgeschoßen gebündelten Wörter des dritten Verses aus, um sie dann, in höchster Lage ansetzend und in mehreren gebieterischen Schwüngen den Dezimraum bis hinab zum (neuen) Grundton fis ausmessend, nocheinmal im Zusammenhang zu bekräftigen. Nichts an diesem von der Musik entworfenen Sprachgebaren jenes Menschen deutet auf innere Abgeklärtheit und unerschütterliches Gottvertrauen, vielmehr tritt überall ein unbändiges Bedürfnis an den Tag, zur Abschreckung der doch angeblich ohnmächtigen Feinde die eigene Bewaffnung vorzuführen, und durchdringt die ganze Arie mit jener krampfhaften Lähmung, wie sie aller Zwangshandlung eigentümlich ist. Im Mittelteil der Arie setzt eine leichte Entspannung ein, die sich in einer freieren melodischen Entwicklung der Singstimme und dem deutlichen Zurücktreten der sonst dem Sänger in engmaschigem Imitationsgeflecht sekundierenden Instrumente bemerkbar macht; auch die Deklamation befreit sich punktuell aus der stieren Duolik, an die sie den ganzen ersten Teil hindurch gefesselt war, und wo, gegen Ende, die Singstimme mit unvermittelter Wendung nach D-Dur auf die Worte „mein Heiland wohnet hier“ zum weit ausgebreiteten Hochton a’ sich aufschwingt, weicht für einen Augenblick sogar das Gefühl permanenter Bedrängnis. Die Wiederkehr des A-Teils indes bringt dann, obwohl Bach eine wörtliche Wiederholung vermeidet und bedeutende Eingriffe in den Kompositionsablauf vornimmt, ein Dacapo im eigentlichen Sinne des Wortes, insofern als sie das Subjekt erneut in den angstgezeugten Zwängen seines Verteidigungswahns sich verstricken läßt. An dessen sich immer noch steigernder Intensität duldet die Partitur keinen Zweifel, nimmt sie doch, nachdem sie die ersten 32 Takte des Satzes unverändert wiederholt hat, die Sequenzierung des dann wiederaufgegriffenen Themas diesmal in Quart- statt in Terztransposition vor und übersteigert den ohnehin keuchenden Vortrag des dritten Verses, einzigartig in Bachs gesamtem Vokalschaffen, zur vierfachen Folge gewaltsam emporgeschleuderter, identischer Oktaven. Ein Nachdruck dieser Art verrät Besessenheit, ebenso wie das Bedürfnis, einer solchen Exaltation noch weitere, schwächere Bekräftigungen folgen zu lassen. Als den eigentlichen Adressaten dieser nicht enden wollenden Beteuerungen aber weist Bachs dem Albtraum abgehörte Musik das von unersättlichem Vergewisserungsbedürfnis umgetriebene, in seinem Tiefsten glaubensunfähige Subjekt aus.

Ein kurzes Rezitativ aller vier Solostimmen überträgt das Gefühl der Geborgenheit in der Obhut Gottes, musikalisch versinnbildlicht durch eine schirmförmig ausgreifende Dreiklangsbewegung, auf die Ebene der Allgemeinheit und leitet zum Schlußchoral über. Dieser ist, wie es vielfach bei barocken Gemälden begegnet, in einen so prachtvollen Rahmen eingelassen, daß er selbst, zumal in der wenig differenzierten Ausgestaltung, die Bach ihm widerfahren läßt, in die Zweitrangigkeit zurückgesetzt erscheint. Daß die

Melodie Haßlers *Herzlich tut mich verlangen* entlehnt ist, also mit jener von *O Haupt voll Blut und Wunden* übereinstimmt, wird dabei durch den harmonischen Satz und seine instrumentale Einkleidung nach Kräften unkenntlich gemacht. Zu diesem Zweck unterschiebt die Komposition der eigentlich phrygischen Liedweise eine tonale Ausrichtung nach D-Dur, welche den ursprünglichen Tonartgrundton fis in die Terz über der neu installierten Tonika umdeutet und damit die Voraussetzung schafft, den Satz mit einer vollständigen authentischen Kadenz zu beenden. Acht der elf weiteren Bearbeitungen, die Bach zu dieser Melodie vorgelegt hat, interpretieren stattdessen den phrygischen Grundton als Quint der entsprechenden Molltonart, was nicht nur den gesamten Satz mit einer Mollcharakteristik durchtränkt, sondern ihm infolge des dann unvermeidlichen Schlusses auf der Oberquint etwas Unabgeschlossenes, Fragend-Nachdenkliches verleiht. Entscheidender für die an dem Choral vorgenommene Verfremdung ist allerdings die für Bachs Verhältnisse bewegungsarme, überwiegend an das Viertelmetrum der Melodie gebundene Akkordfortschreitung, welche die Bachs Setzweise kennzeichnenden Akkordwechsel auf demselben Melodieton tendenziell meidet und so anstelle des bekannten, expressiv hochdifferenzierten Satzverlaufs einen eher hymnischen Gestus hervorbringt. Noch übertroffen wird dieser Effekt von dem Glanz, der von dem orchestralen Rahmen auf den Choral abstrahlt. Dieser ist mit zwei Oboen, drei Trompeten, Pauken und Streichern nicht nur prunkvoll ausgestattet, sondern in seiner zwar der Fanfare abgelauschten, aber doch zugleich fein ziselierten und luftigen Schreibweise gleichsam ein Meisterwerk stilsicherer Goldschmiedekunst, welche die Pracht ihres edlen Materials zu größtmöglicher Wirkung gelangen läßt, ohne ungehörig damit zu prahlen. In konstruktivem Zusammenwirken gestalten das hochprofessionell agierende Instrumentarium und der volksnähere Chorsatz eine würdige Siegesfeier, die das gewaltlüsterne Moment des befriedigt von erfolgter Rache handelnden Textes fast vergessen läßt. Die Choralbearbeitung schließt den Kreis, den der Kopfsatz der Kantate eröffnete: Wo dort die Trompeten die überlegenen Truppen ins Feld begleiteten, zelebrieren sie hier den Triumph der Macht des Lichts über die Mächte der Finsternis: „Sünd, Teufel, Tod und Hölle sind ganz und gar geschwächt". Das Weihnachtsoratorium endet im Genuß der Oberhand, die eine verdächtige Nähe zu fürstlichen Machtphantasien und krankhaftem Abschreckungsbedürfnis unterhält. Bachs Komposition hat in diese Festung immerhin ein Fenster eingebaut, von dem aus der ferne Stall mit dem armseligen Jesuskind und den morgenländischen Weisen sichtbar ist. Dessen Anblick ist, zugegeben, nur ein bescheidenes, geradezu nebensächliches Element im Kontext der Waffengänge, die die sechste Kantate des Weihnachtsoratoriums ausficht; aber er ist doch zugleich das entscheidende Korrektiv, das die Herrschaftsattitüde eines dominatorisch gewordenen Christglaubens fort und fort in Frage stellt.

Die Rezitative des Evangelisten

Vorbemerkung

Rezitativ ist Vortrag von Rede in musikalischer Gestalt. Demgegenüber handelt es sich in allen anderen Fällen von Wortvertonung um Musikstücke auf sprachlicher Grundlage. Ein Lied, eine Arie, ja selbst ein motettischer Satz besitzt eine eigene, autochthon musikalische Organisation, welche mit jener der Worte ein mehr oder weniger spannungsreiches Verhältnis eingeht – im Rezitativ resultiert alle Musik aus der Rede und ordnet sich dieser als deren nähere Bestimmung zu. Kein Moment des Rezitativs ist, wie es ist, aus innermusikalischer Notwendigkeit, vielmehr erfüllt alle Komposition hier allein den Zweck, unter den zahlreichen Möglichkeiten, einen bestimmten Text vorzutragen, eine besondere auszuwählen und den Vortragenden darauf festzulegen. Der Komponist eines Rezitativs übt also eine ähnliche Funktion aus wie der Regisseur eines Theaterstücks, der den Schauspieler dazu veranlaßt, den vom Autor vorgelegten Text in bestimmter Weise aufzusagen, d. h. aber: zu interpretieren.

Die Parameter, gemäß denen sich eine Rezitativkomposition beschreibt, gehen daher sämtlich auf die Sprache selbst zurück, und so wie der einzelne Sprecher in seinem Sprechen bald dem einen, bald dem anderen Aspekt Priorität einräumt, je nach den besonderen Umständen, unter denen seine Rede stattfindet, kann auch die musikalische Ausführung dem einen größere, dem anderen geringere Aufmerksamkeit beimessen. Zu unterscheiden sind hier im wesentlichen das Metrum der Sprache, ihr syntaktischer Bau, der Duktus der Rede sowie der Tonfall. In den meisten indoeuropäischen Sprachen sind die Silben innerhalb des Wortes unterschiedlich gewichtet, und auch den einsilbigen Wörtern im Satz kommt, noch jenseits der Frage möglicher Hervorhebungsabsichten, ungleiche Schwere zu. Diese Abstufungen sind Teil der Lautung der Wörter selbst und können nicht willkürlich verändert werden; allenfalls erfahren sie nach den Regeln der jeweiligen Einzelsprache eine Modifikation gemäß ihrem Umfeld im Satzzusammenhang. Im allgemeinen werden nur zwei Grade unterschieden, die in einigen Sprachen als größere oder geringere Ausdehnung der Silbe (lang/kurz), in anderen als deren stärkere oder schwächere Betonung (betont/unbetont) aufgefaßt werden. Aus dem

Wechsel solchermaßen gegeneinander abgestufter Silben resultiert das Metrum, das in der sogenannten gebundenen Rede bestimmter poetischer Textsorten nach einem einheitlichen Muster gebildet oder aber, wie in allen übrigen Texten, frei und gleichsam das zufällige Produkt der ganz anderen Gesichtspunkten folgenden Wortfügung sein kann.

Nicht in jedem Fall spiegelt sich der syntaktische Aufbau eines Satzes auf der lautlichen Ebene der Rede; dennoch besitzt diese an ihm eine wichtige Grundlage möglicher Gestaltung, die selten gänzlich ungenutzt bleibt. Gebräuchlich ist etwa das Absenken der Stimme am Ende eines Satzes, das zwar nirgends zwingend vorgeschrieben ist, aber für das gehörsmäßige Erfassen des Satzzusammenhanges doch eine bedeutende und verbreitet genutzte Erleichterung darstellt. Ähnlich helfen kurze Lücken, die beim Eintritt von Neben- oder Gliedsätzen, an den Grenzen von Einschüben und Parenthesen oder an anderen Schnittstellen der Satzstruktur das Kontinuum der Rede unterbrechen, die Gliederung der Syntax zu durchschauen, und fördern auf diese Weise das Verständnis des Satzinhalts. Hingegen gibt es im Bereich der Rede (d. h. des lautbaren Sprechens) keinerlei Verfahren, die einzelnen Satzteile, also Subjekt, Objekt, Prädikat, adverbiale Bestimmung etc., voneinander abzuheben, so daß diese Aufgabe vollständig den morphologischen Mechanismen der Sprache vorbehalten bleibt.

Duktus der Rede und Tonfall sind weit weniger scharf umrissene Kategorien als Metrum und Syntax und lassen sich, da sie in der Erscheinung oft zusammenfließen, nicht immer deutlich voneinander abgrenzen. Zum Duktus der Rede gehören vor allem das Tempo des Sprechens und seine Modifikationen sowie die Satzmelodie, soweit sie durch innersprachliche, also insbesondere semantische und syntaktische, Momente determiniert ist. So können z. B. für die Aussage wichtige Bestandteile des Satzes durch Verlangsamung hervorgehoben werden, während nebensächliche oder weitgehend redundande Passagen durch Beschleunigung abgewertet werden. Eine ähnliche Konzentrationswirkung läßt sich (allerdings nicht in jeder Sprache) durch das Heben und Senken der Stimme herbeiführen, welches anstelle der Tempomodifikation oder in Kombination mit ihr eingesetzt werden kann. Wer an der dritten Bitte des Vaterunsers einen Antagonismus zwischen dem Willen Gottes und dem des Menschen hervorkehren möchte, wird das Possessivpronomen *dein* gedehnt und vielleicht mit zusätzlich erhobener Stimme aussprechen – wer darin eher den Wunsch erblickt, daß dieser Wille sich wirkungsmächtig erweisen möge, wird genau dies unterlassen und stattdessen die Stammsilbe des Wortes *geschehe* mit einem Hochton versehen. Verlangsamung kann jedoch auch zur Erzeugung eines Staus eingesetzt werden, der die Aufmerksamkeit dann gerade von sich ab- und stattdessen auf den Punkt hinlenkt, an dem der Redefluß im Schwall aus ihm hervorbricht. Wiederum tritt steigende Intonation ohne jede Hervorhebungsabsicht zur Kennzeichnung von Fragen oder in Rufsituationen auf.

Auch der Tonfall äußert sich als Sprechtempo und Intonation, doch liegen ihm Ursachen zugrunde, die in der sprachgemeinschaftlichen Zugehörigkeit des Sprechenden oder in seiner individuellen geistigen bzw. seelischen Disposition angesiedelt sind. Unterschiedliche Dialekte derselben Sprache pflegen oft extrem unterschiedliche Intonationsverläufe im Satz, denen der Sprecher auch dann noch folgt, wenn er sich die lautlichen Deformationen seines Dialektes aberzogen hat. Ein erschöpfter Mensch spricht schleppend und mit geringer Modifikation der Tonhöhe, ein erregter hastig und in jähem Wechsel zwischen hoher und tiefer Stimmlage. Der Zorn hat sein besonderes Timbre, die Angst, die Begeisterung, die Zärtlichkeit, und jeder Angehörige derselben Sprachgemeinschaft vermag es zu erkennen, obwohl die bestimmenden Momente der unterschiedlichen Charaktere oftmals kaum zu benennen sind. Ebenso wie die Gemütsverfassung, schlagen sich auch geistige Zustände im Klangbild der Rede nieder und erlauben dem wachen Ohr, aus dem Unterton, mit dem eine scheinbar neutrale Aussage getroffen oder dem Wortlaut nach rein sachliche Frage gestellt wird, Skepsis oder Ironie, Spott oder Anmaßung herauszuhören.

Da jede musikalische Struktur notwendig Bestimmungen der Dauer und der Schwingungsfrequenz klanglicher Phänomene enthält und die Abfolge dieser nach Zeitdauer und Tonhöhe bestimmten Erscheinungen sich zu melodischen Wendungen und Gebilden formiert, kann die kompositorische Bearbeitung einer als gesprochen vorgestellten Rede nicht umhin, deren Metrum, Gliederung und Duktus teils zu reflektieren, teils zu determinieren. Hingegen wird ein zum Tonfall Gehöriges nur insofern dem Gesamtvortrag zu entnehmen sein, als die komponierte melodische Gestalt von dem durch Sprache und Sprechsituation Gebotenen oder Nahegelegten in signifikanter Weise abweicht. Daß die Vertonung überhaupt in ein Bestimmungsverhältnis zu den ihr vorausliegenden sprachlichen Strukturen eintritt, bedeutet indes noch nicht, daß sie auf diese eingeht, um ihnen zu korrespondieren. Dem

Grundsatz nach kann die Komposition den von ihr vertonten Text ebensowohl überformen, wie sie sich durch seine Gegebenheiten determinieren lassen kann; einzig eine Beziehung der Indifferenz zwischen beiden kann es nicht geben, da die Komposition dieselben Parameter okkupiert, die für die Ausformung der Rede entscheidend sind. Entschlösse sich also eine Vertonung z. B., eine sprachlich betonte Silbe durch einen kurzen Ton in Mittellage und eine unbetonte durch einen langen Ton in hoher Lage wiederzugeben, so müßten dieser Bearbeitung die betonte Silbe als unbetont und die unbetonte als betont gelten, wenngleich die so getroffene Disposition den Forderungen der Sprache widerspricht. In welcher Weise Sprachvertonung sich zu den von ihr vertonten Worten verhält, ist daher im Einzelfall immer erst noch festzustellen.

Eine zusammenfassende Beurteilung bachscher Rezitativkomposition gelangt im wesentlichen zu folgenden Resultaten:

1. Bachs Vertonung beachtet gewissenhaft die metrischen Strukturen des Textes. Betonungen werden musikalisch durch relativ größere Dauer, relativ größere Tonhöhe, relativ betonte Stellung im Takt oder durch eine Kombination dieser Maßnahmen nachgebildet, unbetonte Silben mit einem relativen Weniger der benannten Qualitäten versehen. Abweichungen von diesem Vorgehen sind äußerst selten anzutreffen und meist in anderweitigen sprachlichen Rücksichten begründet.
2. Das syntaktische Gerüst wird von der Komposition fast immer getreu abgebildet. Schlüsse von Sätzen werden, ebenso wie die Grenzen von Teilsätzen sowie Beginn und Ende komplexerer Einschübe, durch Pausen gekennzeichnet. Überdies wird der Bauplan größerer oder besonders unübersichtlicher hypotaktischer Gebilde oftmals durch den Aufbau einer parallelen harmonischen Organisation verdeutlicht bzw. transparent gemacht.
3. Bei der Ausschöpfung des nach Befolgung der ersten beiden Maximen verbleibenden Gestaltungsspielraums orientiert sich Bachs Vertonung vornehmlich an dem Vorbild eines versierten Erzählers, der sowohl inhaltliche oder gedankliche Zusammenhänge herauszuarbeiten als auch Sachverhalte und Begebenheiten lebendig darzustellen und durch einen spannenden Vortrag sein Publikum zu fesseln versteht. Die zu diesem

Zweck eingesetzten musikalischen Mittel sind mannigfaltig und können nur am konkreten Beispiel beschrieben werden.

Der eingehenden Untersuchung der kompositorischen Verhältnisse erschließt sich jedoch überall ein verblüffendes Bewußtsein Bachs für die Vielschichtigkeit und Interdependenz der sprachlichen Strukturen, das in der gesamten barocken Vokalmusik auch nicht annähernd seinesgleichen hat und nach Umfang und Eindringlichkeit seiner Wahrnehmung erst in Schubert seine adäquate Nachfolge findet. Es versteht sich, daß eine solchermaßen ausgeklügelte, die unterschiedlichen Aspekte der sprachlichen Vorlage in ein wohlüberlegtes Verhältnis setzende musikalische Anordnung, anders als heutige Aufführungspraxis dies vermeint, nicht zur Disposition interpretatorischen Beliebens steht. Die kompositorische Vollendung von Bachs Rezitativvertonungen steht nicht hinter der seiner Fugen oder Variationen zurück und verlangt die akribische Ausführung des Notentextes; denn jenes mit unvorstellbarer Umsicht ersonnene System einer musikalischen Aktualisierung sprachlich vorgegebener Erfordernisse und untereinander in mannigfaltiger Abhängigkeit verwobener Möglichkeiten kann durch interpretatorische Nachlässigkeit oder Willkür nur Einbuße erleiden.

Rezitativ Nr. 2: „Es begab sich aber zu der Zeit"

Das erste Rezitativ des Weihnachtsoratoriums vertont die Verse eins sowie drei bis sechs aus dem zweiten Kapitel des Lukasevangeliums in der noch nahezu unredigierten Übersetzung Martin Luthers. Trotz seines bemerkenswerten Umfangs besteht der Text lediglich aus vier Sätzen, die allerdings sämtlich hypotaktischen Aufbau aufweisen und eine Vielzahl von Nebensätzen ersten und zweiten Grades unter sich begreifen. Überdies suggerieren die Verse 3 und 6 durch ihr einleitendes *Und* einen grammatischen Anschluß an den jeweils vorausgehenden Satz, während sie grammatisch als vollständige Hauptsätze konstruiert sind. Der gesamte vom Rezitativ erfaßte Textabschnitt besitzt narrativen Charakter und steht im Vergangenheitstempus. Die Verse 1 und 3, also die beiden ersten Sätze des vertonten Textes, machen mit dem allgemeinen geschichtlichen Hintergrund bekannt, vor dem dann Vers 4, gleichsam den Blickwinkel von der Totale auf den Umkreis zweier Einzelpersonen verengend, mit der Schilderung eines Ausschnitts aus der Lebensgeschichte von Maria und Joseph anhebt.

Bachs Vertonung folgt diesem Textaufbau mit Umsicht und Akribie, ja sie besorgt dem Zuhörer für den allzu verästelten Satz, der die Verse 4 bis 5 überspannt, ein so sicheres Geleit, daß die schwer überschaubaren Krümmungen und Verzweigungen seines Pfades, die so manchen Lektor am gottesdienstlichen Lesepult in Not versetzen, kaum mehr zu Bewußtsein gelangen. Die großräumige Gliederung des Textes verdeutlicht Bach durch ihren getreuen Nachvollzug. Auch der Komposition liegt ein zweiteiliger Entwurf zugrunde, und seine Proportionen decken sich präzise mit jener der Textvorlage; allerdings sind die strukturierenden Elemente, welche die Zweigliedrigkeit der Anlage bestimmen, hier auf eher tiefen Schichten der kompositorischen Faktur angesiedelt und entziehen sich, trotz der von ihnen ausgehenden Wirkung auf Textauffassung und -verständnis, einer vorwiegend auf die Oberfläche der musikalischen Erscheinung gerichteten Betrachtung. Eine tragende Bedeutung kommt hier der Harmonik zu, welche sich, wie stets bei Bach, im Verhältnis der Gesangs- bzw. Melodiestimme zur instrumentalen Baßstimme konstituiert und von der Bezifferung, als einer die Akkorde bezeichnenden Kurzschrift, lediglich ihre Bestätigung erfährt. Tonartlich setzt der harmonische Gang des Rezitativs zunächst in h-Moll an, bewegt sich aber alsbald von seinem Ausgangspunkt fort und scheint den ganzen Satz hindurch im Fluß zu bleiben, der durch Einführung neuer Leittöne oder durch die Aufgabe der alten fortwährend wechselnden tonalen Zentren zustrebt. Zur Bildung ausgeformter Kadenzen kommt es, trotz dieser ausgeprägten Modulatorik, indessen lediglich an zwei Stellen, und deren Zielpunkte begegnen sich exakt mit dem jeweiligen Abschluß der beiden Textabschnitte, die oben als Darlegung des allgemeinen geschichtlichen Hintergrunds und als Ausschnitt aus der Individualgeschichte von Maria und Joseph beschrieben wurden. Die erste Kadenz erstreckt sich von T. 5 bis T. 7 und bewegt sich in D-Dur, dessen 2., 5. und 1. Stufe sie berührt; die zweite gehört der Tonart A-Dur an, führt von der Tonika ausgehend über die 4. und die 5. Stufe zur 1. zurück und findet in den letzten beiden Takten des Rezitativs statt. Neben den zahlreichen anderen Schlußbildungen, in denen eine Tonika leittönig, d. h. in der Regel mit harmonischem Quint- oder Septfall, herbeigeführt wird, sind also jene beiden durch den Kadenzierungsprozeß herausgehoben und leisten auf diese Weise einen unauffälligen, aber wirkungsvollen Beitrag zum auffassenden Nachvollzug des Textvortrages. – Die Mittel der Harmonik sind es auch, welche Bach als Leitfaden für das Erfassen des überkomplexen dritten Satzes anwendet. Erfolgt die Nennung des Akteurs (Joseph) und seines Handelns (daß er sich aufmachte) in D-Dur, so wendet sich das harmonische Geschehen während der Angaben über das Woher und Wohin (aus Galiläa, aus der Stadt Nazareth, in das jüdische Land, zur Stadt Davids) nach e-Moll, moduliert daraufhin nach h-Moll, um in dieser Tonart den Grund der Reise und der Wahl ihres Zieles vorzutragen (darum daß er von dem Hause und Geschlechte Davids war), und erhebt sich schließlich auf die Oberquintebene fis-Moll, auf der sie die Ausführungen über Josephs schwangere Gefährtin Maria hinzusetzt. Die inhaltliche Gliederung des Textes findet der Zuhörer also durch den harmonischen Bau des Rezitativs faßlich aufbereitet.

Gesprochene Rede greift, wenn es darum zu tun ist, durch Einschnitte in ihren Verlauf den Einblick in ihre Konstruktion zu erleichtern und ihre inneren Zusammenhänge herauszustellen, gewöhnlich auf das Mittel der Pause zurück. Diese unterbleibt bisweilen, wo der grammatische Bau den Beginn eines Gliedsatzes, etwa durch ein Relativpronomen oder eine Konjunktion, schon ausreichend zum Vorschein gelangen läßt, ist aber unverzichtbar, wenn Partizipialkonstruktionen oder attributive Ergänzungen mit mehrdeutiger Anknüpfung den Satzfortgang unabsehbar werden lassen. Dieser Praxis befleißigt sich auch Bachs Rezitativ bei der Vertonung seiner Worte, und sie tut es in der Weise eines versierten Rhetors. Im ersten Satz finden sich beide Nebensätze durch Pausen von der vorangehenden syntaktischen Einheit abgetrennt; im zweiten verzichtet Bach auf eine Zäsur vor dem neuerlichen *daß*, unterbricht den Vortrag aber vor dem die Aussage erläuternden Zusatz „ein jeglicher in seine Stadt“. Mit welcher Kunstfertigkeit Bachs Komposition den Aufschluß seines Textes betreibt, zeigt indessen am eindrucksvollsten seine Bearbeitung des dritten Satzes. Von Luthers Wortfügung zunächst vor die Aufgabe gestellt, zu klären, daß es hier weder um einen Joseph aus Galiläa noch um etwas geht, das sich auf Joseph macht, entscheidet sich Bach dafür, sowohl vor als auch hinter dem Namen *Joseph* eine Pause einzufügen, um auf diese Weise zum einen den Zusammenhang des *Da machte sich auch auf* zu ostendieren und auf der anderen Seite die Anknüpfung der Ortsangabe *aus Galiläa* an den Satzanfang wenigstens im Bereich des Möglichen zu halten. Die nähere Eingrenzung des in Galiläa gelegenen Ortes, die durch die Nennung des Ortsnamens *Nazareth* erfolgt, trennt er wiederum mit Pause ab, schließt jedoch, eine Analogisierung des einander nicht Entsprechenden klug vermeidend, das Wohin ohne weiteren Einschnitt an, um dann wieder die näheren Ortsbestimmungen *zur Stadt Davids* und *die da heißet Bethlehem* erst nach Pausen an die allgemeine Zielangabe *in das jüdische Land* anzuhängen. Von der Angabe über den Zweck der Reise Josephs und den Namen seiner Begleiterin wird die Auskunft über deren familiären Status abgesetzt, das Faktum ihrer Schwangerschaft aber lückenlos mit jener verbunden. Im Ganzen entsteht so ein Gefüge, das Licht in die Dunkelheit der syntaktischen Gegebenheiten bringt, ohne den Text zu überformen.

Der Beurteilung der kompositorischen Entscheidungen im Bereich von Metrum und Sprachduktus ist folgende metrische Gegebenheit des Textes zugrundezulegen:

*Es be**gab** sich **a**ber zu der **Zeit**,*
*Daß ein Ge**bot** von dem **Kai**ser Au**gusto aus**ging,*
*Daß **alle Welt** geschätzet **wür**de.*
*Und **je**dermann **ging**, daß er sich **schät**zen ließe,*
*Ein **jeg**licher in **sei**ne **Stadt**.*
*Da **mach**te sich auch auf **Jo**seph aus Gali**lä**a*
*Aus der Stadt **Na**zareth in das **jü**dische **Land***
*Zur Stadt **Da**vids, die da **hei**ßet **Beth**lehem,*

Darum daß er von dem ***Hause*** *und* ***Geschlechte Davids*** *war,*
Auf daß er sich ***schätzen ließe*** *mit Maria,*
Seinem *vertrauten* ***Weibe,*** *die war* ***schwanger.***
*Und als sie da****selbst waren,*** *kam die* ***Zeit,***
Daß sie ***gebären sollte.***

Der in der hier gelieferten Textwiedergabe gesetzte Fettdruck markiert lediglich die von der Sprache gebotenen Betonungen, läßt aber im Unbestimmten, wo der Redevortrag weitere Silben mit Betonungen versehen kann und wo dies unter allen Umständen zu unterbleiben hat. Natürliche Rede tendiert zum Wechsel von Hebung und Senkung und reiht selten mehr als zwei unbetonte Silben aneinander, selbst wenn durch die Einfügung nicht notwendig erforderlicher Akzente ein an sich selbst ganz unbedeutendes Wort oder Wortbestandteil mit einer Hebung versehen wird. Diese den gesamten Redefluß lose in eine metrische Organisation einbindende Akzentuierungspraxis findet allerdings ihre Grenze dort, wo der Eintritt einer fakultativen Hebung den Sinn der Aussage tangiert. Fällt z. B. in der Passage „und jedermann ging, daß er sich schätzen ließe“ eine Betonung auf die dritte Silbe des Wortes *jedermann,* so transformiert sich der unbestimmte Kumulativ *jedermann* in den Selektiv *jeder Mann.* Ähnlich irreführend suggerierte die Betonung des Wortes *Stadt* vor der Angabe des Possessivbezugs *Davids* ein adversatives Verhältnis zwischen der Stadt und einem etwa anzunehmenden Land Davids, dessen Ambivalenz eine Klärung erforderlich machte, während ein solches Erfordernis in Wirklichkeit doch gar nicht besteht. Der Rezitativkomposition, die ein korrektes Textverständnis zu bewahren und womöglich zu befördern gehalten ist, hat also ihren Gestaltungsspielraum in jeder einzelnen Situation immer erst aufs neue auszuloten.

Textgebundene Musik verfügt über drei Möglichkeiten, Betonungsunterschiede zu erzeugen, nämlich durch das Verhältnis eines längeren zu einem kürzeren Notenwert, durch das Verhältnis einer größeren zu einer geringeren Tonhöhe und durch die Plazierung des Tons auf mehr oder weniger betonter Stelle im Takt. Dabei findet zwischen allen drei Faktoren nicht nur wechselfältige Beeinflussung statt, vielmehr wird das dritte Verfahren durch einen weitgehend gleichförmigen Vollzug der beiden anderen allererst ermöglicht; ist doch die Taktangabe nichts als eine Vorhersage, daß die wirklich erklingende Musik betonte und weniger betonte Momente in einem bestimmten zeitlichen Wechsel enthalten wird. Hinsichtlich der Notenwerte beschränkt sich Bachs Vertonung, abgesehen von der Dreisechzehntelnote beim Namen *Nazareth*, auf den Gebrauch von Sechzehnteln, Achteln und Vierteln, so daß, da Viertelnoten lediglich als Schlußwerte vor einer Pause auftreten, auf der Ebene der Tondauer nur eine einstufige Differenzierung stattfinden kann. Mit ihrer Hilfe bewältigt Bach vor allem die metrumskonforme Vertonung der daktylischen Konfigurationen (Ge-)*bòt von dem Kàiser Au*(gusto), *jèdermann* und (Naza-)*rèth in das jüdische*, welche er musikalisch durch ein Achtel und zwei folgende Sechzehntel wiedergibt. Das gesamte übrige Akzentuierungsgeschehen vertraut die Komposition den Mechanismen der Taktmetrik an, die sie allerdings durch ein klug geplantes Netz von Hoch- und Tieftönen kraftvoll verankert und unterstützt. Die Übertragung der Textsyllabik in musikalischen Rhythmus verfährt also überwiegend egalitär, indem sie das Achtel als das Maß der deklamatorischen Fortschreitung etabliert, von dem sie nur bei dreiteiligen metrischen Bildungen abweicht. Umso wirkungsvoller vermag Bach darum aber die Beschleunigung einzelner Textpassagen auf das Sechzehntelgrundmaß einzusetzen, welche er besonders drängenden oder aber besonders nebensächlichen Ausführungen zukommen läßt. Wendungen wie *daß alle* (Welt) oder *Hause und Ge*(-schlechte) faßt die Vertonung zu einer in dichter Folge dahingeworfenen Silbengruppe zusammen, innerhalb derer die Akzente zwar nicht völlig aufgehoben, aber doch stark verflacht sind. Da die einer solchen Beschleunigung des Vortrages unterworfenen Textpassagen sich durch nachgeordnete inhaltliche Relevanz oder durch einen gewissen Überschuß an Wörtern auszeichnen, erzeugt die Komposition hier den realistischen Eindruck, der Berichterstatter füge seinen Ausführungen hier und da eine zwar interessante, aber doch nicht notwendige Erläuterung ein, die er zwar nicht unterdrücken, mit der er sich aber auch nicht über Gebühr aufhalten wolle. Die musikalische Redewiedergabe erlangt durch solche unberechenbaren Abweichungen vom Gleichmaß eine ausgesprochen naturalistische Note. Überhaupt schwankt der Silbendurchfluß pro Zeiteinheit stärker, als es die geringe rhythmische Differenzierung der Gesangsstimme erwarten läßt. So benötigt die Vertonung für die 31 Silben des ersten Satzes ein zeitliches Volumen von 29 Achteln, während die 36 Silben der ersten Hälfte von Satz 3 bis zu dem Wort *Bethlehem* 38 Achtel, die 17 Silben des letzten Satzes 19 Achtel in Anspruch nehmen. Noch deutlicher tritt der Unterschied im Sprechtempo hervor, wenn die Gegenüberstellung kürzere Redeabschnitte herausgreift und etwa den 15 Silben der Parenthese *darum daß er von dem Hause und Geschlechte Davids war*, welche sich auf weniger als 13 Achteln zusammendrängen, die sich über 15 Achtel erstreckenden 13 Silben der Aussage *Da machte sich auch auf Joseph aus Galiläa* korreliert. Stets sind es dabei die Kernaussagen des Berichts, bei welchen sich die Geschwindigkeit des Sprechens, etwa durch eingestreute Pausen, verlangsamt, während ergänzende Informationen über Umstände und Hintergründe eher im beschleunigten Tempo, also gewissermaßen mit geringerer Eindringlichkeit, mitgeteilt werden.

Anders als der musikalische Rhythmus, der sich allein auf die Proportionierung der Silben in Wort und Satz sowie auf den Fluß der Rede auswirkt, hat die Melodik eine ganze Reihe recht unterschiedlicher Interessen zu bedienen. Als deren nächstliegendes erscheint hier die Übertragung der Sprachmelodie in musikalische Tonfolgen, bei welcher wiederum ein eher sprachbezogener, syntaxorientierter Aspekt von einem sprecherbezogenen, intentions- und persönlichkeitsorientierten Aspekt zu unterscheiden ist. Ein in bestimmter Weise aufgebauter Satz duldet, sollen Zweifel an seinem Sinn oder seiner Konsistenz vermieden werden, nicht jede sprachmelodische Ausführung; andererseits schlagen sich Anlaß und Zusammenhang des jeweiligen Sprechakts, Absicht und seelisch-geistige Verfassung des Sprechenden sowie dessen persönliche Eigenheiten prägend und aussagekräftig in der Melodik seiner Rede nieder. Zugleich wirkt die Melodik aber auch in die Metrik hinein, da hohe Töne im allgemeinen deutlicher wahrgenommen werden als tiefe, so daß der Tonfolge ein das Metrum determinierendes Potential zuwächst, welches die Bestimmungen des Rhythmus unterstützen, ersetzen oder sogar konterkarieren kann. Die Melodik wirkt ferner an der Aufrichtung des Taktes mit, insofern als dessen Betonungsvoraussage durch die wirklich erklingende Musik ausreichende Bestätigung erfahren muß und nur ein wohldosiertes Maß an Verletzung erträgt. Schließlich muß musikalische Melodik wegen ihrer gegenüber jener des Sprechens viel höheren Distinktion überall der Gefahr begegnen, die Integrität der sprachlichen Einheit, also der Syntax oder des Textzusammenhangs, zu gefährden, indem sie die Kennzeichen ihrer eigenen innermusikalischen Einheitsbildung zu spärlich, im Übermaß oder am falschen Ort anwendet. Eine musikalische Phrase, welche, ohne zu modulieren, nicht mit dem Grundton der Tonart oder der Terz seines Dreiklanges schließt, endet offen, während die Schlußwirkung in gesprochener Sprache sich mit fast jedem beliebigen Absenken der Stimme zufriedengibt. Das Ausbleiben eines solchen schlußanzeigenden Indikators kann daher den Fortgang auch des grammatischen Satzes erwarten lassen, obgleich dieser gerade endet, wie umgekehrt sein Eintreten vor Beginn eines abhängigen Nebensatzes den Satzzusammenhang durch die Suggestion satzinterner Schlüsse untergraben kann. Der Schlußeffekt ist aber nur ein besonders faßliches neben einer Vielzahl subtilerer Momente, durch welche die Gesetzlichkeit der Musik in die Gegebenheiten der Sprache eingreift.

Als Anschauungsbeispiel für Bachs die unterschiedlichen Erfordernisse melodischer Gestaltung auf das Sorgsamste gegeneinander austarierende und zugleich jedem Belang scheinbar ungeteilte Aufmerksamkeit zuwendende Vertonungspraxis mag der erste Satz des Rezitativs herangezogen werden, dessen buchhalterische Feststellungsnatur zunächst wenig gestalterischen Ansporn vermittelt. Entlastet wird die Komposition der Evangelistenworte durch den Sachverhalt, daß der Sprechende vollkommen in seiner Funktion als Erzähler aufgehen darf und nicht in seinem Sprechen zugleich als Persönlichkeit oder Charakter in Erscheinung treten muß, wie dies etwa in den Passionen bei den Worten Jesu oder des Pilatus der Fall ist. Was für ein Mensch der Berichterstatter ist, läßt Bach seinen Hörer nicht wissen, nur beweist er ihn in jedem Augenblick als einen überaus gewandten, umsichtigen, in der Kunst facettenreicher rhetorischer Darstellung meisterhaft geübten Erzähler, der sein Publikum zu fesseln versteht und dem so leicht kein falscher Zungenschlag unterläuft. Fast die gesamte erste Gesangsphrase errichtet Bach auf einem h-Moll-Dreiklang, der sich aufsteigend entfaltet, auf seinem Scheitel vorübergehend akkordfremde Töne berührt und dann mit weichem Bogen halb in sich selbst zurücksinkt. Die Phrase beginnt unbetont in tiefer Lage auf der Quinte, erreicht mit betonter Zeit den Grundton und streckt sich in geruhsamer Deklamation zur Terz hinauf: „Es begab sich aber zu der Zeit …" – noch wird ein Inhalt nur angekündigt, das Ohr für die kommende Botschaft empfänglich gemacht. Diese wird nach einer kurzen Zäsur ausgesprochen, nun gedrängter und lebhafter, und in ihrem melodischen Gang pflanzt sich der Dreiklangsaufstieg fort, so daß der Neuansatz beim Dreiklangsgrundton im Nachhinein gerade nicht als Neubeginn, der vorige Einschnitt bei der Terz gerade nicht als Schlußpunkt, sondern als Zwischenhalt verstanden werden muß. Zentral geht es in diesem Satz um einen Volkszählungserlaß des Kaisers Augustus, daher sind die Wörter *Gebot*, *Augusto* und *geschätzet* durch hohe Lage hervorgehoben. Daß indessen der Spitzenton g' auf dem Wort *ausging* erreicht wird, entbehrt der inhaltlichen Rechtfertigung und erklärt sich aus der Tatsache, daß der Scheitel des auf dem Dreiklang aufbauenden Bogens außerhalb desselben liegen mußte, damit sich dem sinkenden Wiedereintritt der Melodie in den Dreiklang eine schließende Bewegung verband.

Den folgenden Satz, der den Vollzug der zuvor mitgeteilten Anordnung beschreibt, nimmt Bach in die untere Mittellage der Gesangsstimme zurück, hebt jedoch seinen erläuternden Zusatz heraus, der für das Verständnis des sich anschließenden Berichts von Wichtigkeit ist: „ein jeglicher in seine Stadt“. Im dritten Satz strebt die Komposition sofort energisch der Bekanntgabe der für diesen Erzählabschnitt entscheidenden Person zu, deren Namen, Joseph, sie, auf dem Hochton a' und durch eine vorausgehende Spannungspause exponiert, regelrecht verkündet. Nachdem dann die Komposition für die Darstellung der geographischen Sachverhalte in den Bereich der Tonart e-Moll eingetreten ist, steuert die Singstimme beim Ortsnamen *Nazareth* den neuen Leitton dis an um diesen, genau wie den Ausgangspunkt und das Ziel von Josephs Reise, mit dem Grundton e zu verknüpfen, der auch tatsächlich auf der letzten Silbe der Umschreibung *Stadt Davids* erreicht wird. Die eher hohe Lage der Singstimme während der Erläuterung von Josephs Abstammung mit dem Hochton auf der unbedeutenden Präposition *von* dürfte sich aus dem Bestreben erklären, in diesem vielgliedrigen syntaktischen Gebilde durch stimmliche Modulatorik ein Mindestmaß an Übersichtlichkeit herzustellen. Demgegenüber entspricht im nächsten Textabschnitt der Hochton gis' und der nachfolgende Abstieg in die unterste Mittellage dem Kontrast, durch den stilsicheres Sprechen Inhalte privater Natur gegenüber öffentlichen ins Halbdunkel des gedeckten Tons zurückzunehmen gebietet: hier vernehmlich ausgesprochen die Erfüllung der Pflicht eines Untertans der römischen Kolonialverwaltung, dort der halblaute Hinweis auf eine weibliche Begleitperson von fragwürdigem Familienstand im Zustand der Schwangerschaft. Die letzte Phrase indes durchkreuzt die von ihrer Vorgängerin geübte Verheimlichungstendenz, ja sie hebt das Verhohlene geradezu auf die Bühne der Öffentlichkeit, indem sie mit weitausholender, anderthalb Oktaven durchmessender Gebärde und in bedeutungsvoll verlangsamtem Sprechtempo die Ankunft des Paares in Bethlehem und die unmittelbar bevorstehende Niederkunft Marien bekanntgibt.

Rezitativ Nr. 6: „Und sie gebar ihren ersten Sohn“

Syntaktisch setzt sich das Rezitativ Nr. 6 aus einer Reihung von drei demselben Subjekt zugeordneten Prädikationen und einem mit beiordnender Konjunktion angeschlossenen begründenden Hauptsatz zusammen, wobei den drei Satzaussagen inhaltlich eine dreigliedrige Folge berichteter Geschehnisse entspricht. Wenn Bachs Vertonung den syntaktischen Aufbau seines Textes abbildet, indem er vor Beginn jedes neuen Teilsatzes eine Achtelpause einfügt, so zeichnet der gesungene Erzählvortrag damit also zugleich den Gang der Handlung nach. Anders als bei Luthers zahlreichen *Und*-Anschlüssen sonst öfters anzutreffen, faßt die Komposition die ersten Silben hier nicht in raschem Metrum zusammen, sondern deklamiert die Worte *Und sie gebar* in breiten, skalenförmig ansteigenden Achteln, integriert das zweisilbige Possessivpronomen *ihren* durch Halbierung der Notenwerte ins Taktschema, nicht ohne durch die Tonwiederholung auf seiner ersten Silbe seine allzu deutliche Akzentuierung zu verhindern, und führt schließlich die Spannungslinie zum Hochton a' empor, der auf der ersten Silbe des Wortes *ersten* erreicht wird. Durch die Verbindung der gedehnten Sprechweise mit der Schritt für Schritt aufsteigenden Melodie, deren gleichförmige Stetigkeit keine Ausbildung von Betonungsmustern zuläßt, entwickelt der Vortrag einen ungemein eindringlichen, ja geradezu beschwörenden Ton. Demgegenüber kehrt die Vertonung im weiteren Verlauf, wo die Begleitumstände der Geburt geschildert werden, zu einer unprätentiöseren Sprechweise zurück. Die Melodie bewegt sich nun mit wechselnder Richtung in tieferer Lage, die Stammsilben der Wörter werden durch längere Dauer oder leichte diastematische Hebung gegenüber Vor- und Nachsilben oder bloßen Endungen begünstigt, weniger bedeutende Strukturwörter werden in redegerechter Beiläufigkeit in den Deklamationsfluß eingebunden. Welch einfühlsame Sorgfalt bei solch scheinbar nur die leichte Hand des Komponisten beanspruchender Ausführung am Werke ist, zeigen zwei Momente des letzten Teilsatzes. Dort läßt Bach die Wortgruppe *sonst keinen Raum* daktylisch mit Hebung auf *sonst* und *Raum* sowie doppelter Senkung auf den beiden Silben des von diesen eingeschlossenen Wortes deklamieren und verzichtet so auf die naheliegend erscheinende emphatische Betonung des Wortes *keinen*, rettet aber gerade durch diese Unterdrückung des mitfühlenden Tons den Sinn der Gesamtwendung, der eben auf das Fehlen einer anderen Unterbringungsmöglichkeit für das Kind (**sonst** keinen Raum) und nicht etwa auf das Fehlen eines Raumes unter Annahme einer anderen Voraussetzung (sonst keinen Raum) abzielt. Der Anschluß der Ortsangabe *in der Herberge* stellte nun die Vertonung vor die besondere Herausforderung, auch für das Satzende die Herausbildung einer daktylischen Gruppe glaubhaft zu machen, also bei dem Wort *Herberge* die Betonung der ersten Silbe zu gewährleisten und die Entstehung eines unnatürlichen Nebenakzents auf seiner letzten zu vereiteln. Bachs Lösung besteht in einer Dehnung der ersten Silbe auf die Dauer einer Viertelnote, im Verhältnis zu welcher das erste der angeschlossenen Sechzehntel, der Position nach, als erstes von zwei gleichen, eigentlich betont, durch seine Kürze, das zweite überdies durch seine Stellung auf unbetonter Zeit zurücktreten. Zugleich verschiebt er den Eintritt der langen ersten Silbe von einer vollen Zählzeit (also etwa dem ersten oder zweiten Viertel im Takt) auf eine Position dazwischen, so daß der Stellenwert der zweiten Silbe, die nun auf dem zweiten Achtel einer Vierteleinheit eintritt, nocheinmal gemindert wird. Dieser Kunstgriff erlaubt es ihm überdies, die irreführende Hervorhebung des Wortes *Raum*, die sich andernfalls durch sein Anwachsen auf den Wert einer Viertel oder durch die Kürzung der beiden folgenden Silben ergäbe, zu vermeiden und auf diese Weise sicherzustellen, daß es als Synonym des Wortes *Platz* und nicht als jenes der Wörter *Saal* oder *Zimmer* zu verstehen ist.

Rezitativ Nr. 11: „Und es waren Hirten in derselben Gegend“

Das Rezitativ Nr. 11 ist kompositorisch hauptsächlich auf die Herausarbeitung des Kontrasts zwischen einer Zustandsbeschreibung und der Schilderung eines Ereignisses ausgerichtet. Sein erster Satz verleiht der Rede durch das starre Festhalten am Achtel als dem silbentragenden Notenwert und das angfangs fast psalmodierende Rezitieren des Textes auf immer demselben Ton eine zähe Gleichförmigkeit, welche der zweite mit lebhafter Melodik, rasch wechselndem Redefluß und häufigen, unterschiedlich langen Einschnitten vehement zerbricht. Isoliert betrachtet, scheint diese Konzeption dazu einzuladen, in ihre Dichotomie den Gegensatz zwischen der Schläfrigkeit der Hirten und der flammenden Lichtgestalt des Engels zu projizieren. Indessen enträt, wie die Durchsicht des Weihnachtsoratoriums lehren kann, Bachs Rezitativstil mit verblüffender Konsequenz der Vorliebe barocker Komposition für die musikalische Bebilderung ihrer Textvorlagen. Auch das Rezitativ Nr. 11 schmückt weder *die Klarheit des Herrn* noch die Furcht der Hirten illustratorisch aus, wozu ihr das Arsenal barocker Tonmalerei doch probate Mittel hätte liefern können. Als Motiv für den grellen Bewegungsunterschied des rezitativischen Vortrags müssen folglich noch andere Gründe in Betracht gezogen werden. Nun gehört es seit je zu den Kunstgriffen lebendigen Erzählens, den Eintritt eines unerwarteten, aufsehenerregenden Ereignisses impulsiv und mit gleichsam fiebernder Teilnahme zu schildern. Das Überraschungsmoment der so geschilderten spektakulären Episode aber tritt natürlich umso wirkungsvoller in Erscheinung, je teilnahmsloser der Erzähler zuvor sich hat vernehmen lassen und je uninteressanter sein Bericht sich zunächst anließ. Der oben beschriebene Kontrast zwischen den beiden Teilen dieses Rezitativs besteht also keineswegs nur auf der Ebene der geschilderten Sachverhalte, vielmehr reproduziert er sich innerhalb der Erzählung selbst, nachdem jene als Stoff in diese eingewandert sind, und pflanzt sich entsprechend bis in deren narrative Bearbeitung fort. Die Nachtwache von Schafhirten bei ihren Herden ist nicht nur an sich selbst eine ereignisarme Angelegenheit, sie liefert der Erzählung zugleich einen erdenklich unattraktiven Gegenstand; gerade darum aber bietet sie dem Erzähler eine optimale Ausgangsbasis, um seine Zuhörer mit der Schilderung einer unerhörten, ja unglaublichen Begebenheit gleichsam zu überfallen. Wenn Bachs Vertonung dem Evangelienbericht, wo er die Nachtwache der Hirten beschreibt, schleppenden Vortrag verleiht, wo er das Erscheinen des Engels wiedergibt ihn aber mit sprühender Dynamik versieht, so läßt sich dies, in Übereinstimmung mit dem von Bach fast durchgehend praktizierten Vertonungsprinzip, auch als ein phantasievolles Eingehen auf die gegebene erzählerische Situation deuten: Das Grau-in-Grau der Szenerie von den Hirten auf nächtlichem Feld verdoppelt Bachs singender Erzähler durch uninspirierte Vortragsweise, deren Monotonie das Hinhören schwermacht, den Eintritt des Unerwarteten aber schildert er erregt, gebannt, gleichsam fortgerissen von den rasch wechselnden Beobachtungen; und wie der Blick des Augenzeugen bald von dieser, bald von jener Erscheinung angezogen wird und bei jedem neuen Eindruck, den er empfängt, einen Moment des Erfassens und Verarbeitens benötigt, so durchsetzt auch der Erzähler in der Absicht, dessen Erleben authentisch nachzustellen, seinen Bericht mit Pausen, welche die Wiedergabe der verschiedenartigen Beobachtungen voneinander trennen.

Rezitativ Nr. 13: „Und der Engel sprach zu ihnen"

Anders als in den Passionsevangelien, kommen in der Weihnachtsgeschichte die historischen Akteure nur ganz vereinzelt zu Wort. Erstaunlicherweise sind es gerade nicht die Hauptfiguren, Maria und Joseph, denen der biblische Bericht einen persönlichen verbalen Auftritt verschafft, vielmehr wird dieser Vorzug den Hirten, den Weisen, Herodes und einem Engel zuteil. Naheliegenderweise gestaltet Bach die wörtlich wiedergegebenen Einlassungen von Personenmehrheiten als Chorsätze, wohingegen Herodes und der Engel mit je einem solistischen Rezitativ vertreten sind. Schon in der Matthäuspassion hatte Bach die Praxis etabliert, die Worte Christi vom Orchester, jene anderer Protagonisten dagegen nur durchs Continuo begleiten zu lassen; in Analogie dazu gesellt sich auch im Weihnachtsoratorium dem Repräsentanten des Göttlichen der gesamte Streicherapparat, während Herodes mit demselben Instrumentarium auskommen muß, das auch den Gesang des Berichterstatters begleitet. Satz Nr. 13 ist freilich nur unter instrumentatorischen Gesichtspunkten ein Accompagnato; seiner kompositorischen Verfassung nach ähnelt er weitaus eher einem Seccorezitativ, denn seine Begleitung entbehrt jeglicher Motivik und weist auch sonst keinerlei eigenständiges Gestaltungsmoment auf. Abgesehen von den einleitenden Worten des Evangelisten, ist der Gesangsvortrag vollständig dem Sopran übertragen und knüpft folglich an eine Tradition an, die das himmlische Wesen in der Malerei als Jüngling in Mädchengestalt, in der Legende als ewig präpubertären Knaben darzustellen pflegte. Ihren klanglichen Reiz bezieht die Komposition aus dem Sachverhalt, daß die Singstimme sich weitenteils unterhalb der höchsten Orchesterstimme bewegt, also vom Orchesterklang wie von einem Heiligenschein umhüllt wird. Obwohl die Rede des Engels einen fortlaufenden Zusammenhang darstellt, ist der kompositorische Aufbau des Stücks durch eine deutliche Zweiteilung gekennzeichnet, welche die bloße Ausrufung der freudigen Nachricht von der Bekanntgabe ihres Inhalts abhebt. Jene bewegt sich in hoher Lage über den Dreiklängen der ersten und der fünften Stufe von D-Dur und wird mit einer vollständigen Kadenz abgeschlossen, diese knüpft zwar an die etablierte Tonart an, steigt jedoch umgehend in die tiefe Lage ab, wendet sich alsbald nach h-Moll und vollendet, nach und nach wieder emporsteigend, den Vortrag in der neuen Tonart mit einer neuerlichen Kadenz. Der Engel, so scheint es, tritt hier in doppelter Mission auf: als Überbringer des göttlichen Evangeliums an die

Menschheit und als Informant für die Hirten, welcher die privilegierte Kenntnis über die näheren Umstände jenes Ereignisses in gedämpfter Lautstärke exklusiv dem engen Kreis jener bildungsfernen Randständler anvertraut.

Ist die Erscheinung des Engels musikalisch durch Sopranlage und orchestral erzeugten Nimbus als übermenschliche gekennzeichnet, so erweist sich dasselbe Wesen als sprechendes dem Menschen zum Verwechseln verwandt. Hoheitlich und würdebeladen präsentiert sich die Ankündigung des Evangelisten, wenn sie gravitätisch jede Silbe Achtel für Achtel ausdeklamiert und dabei bedeutungsvoll den Septimraum durchmißt. Gegenüber solcher Prätention erscheint der sprachliche Auftritt des Engels eigenartig werktäglich, ja geradezu hemdsärmelig. Bachs Engel zelebriert seine Botschaft nicht, er gibt sie kurzerhand bekannt und befleißigt sich dabei eines Tonfalls, der sich von dem gewöhnlichen Textvortrag des Erzählers in nichts unterscheidet. Die Daktylen seiner Wortfolge kleidet die Musik in wiederkehrende Gruppen von einem Achtel und zwei Sechzehnteln, das emphatisch betonte Wort *große* wird mit dem Hochton a’ ausgestattet, für die Anmerkung, es solle das hier zunächst nur wenigen eröffnete Evangelion an *allem Volke* sich gültig erweisen, ist die etwas tiefere, weniger hervortretende Gesangslage reserviert. Auch scheint sich dieser Engel, gemäß dem Entwurf, den Bachs Vertonung von ihm liefert, seiner Engelsnatur keineswegs bewußt zu sein, denn andernfalls würde er kaum die tiefe Bangigkeit, welche die Hirten angesichts des geheimnisvollen nächtlichen Schauspiels befallen hatte, mit einem derart achtlos hingeworfenen *Fürchtet euch nicht!* übergehen. Unsensibel und von einem inneren Sendungsbewußtsein beherrscht, strebt er, ohne sich bei der Befindlichkeit seiner Zuhörer aufzuhalten, der Weitergabe seiner Nachricht zu. Wie wenig eigenes Gewicht dieser Engel der Anrede beimißt, die er an die Hirten richtet, geht dabei nicht nur aus der Tatsache hervor, daß er für deren vier Silben nicht mehr als den Zeitwert von drei Achteln benötigt und daß das flache melodische Profil der kurzen Tonfolge jegliche Eindringlichkeit des Sprechens vermissen läßt; vielmehr bewegt sich das pausenlos angeschlossene *Siehe* sowie der gesamte Redefortgang bis zu dem Wort *große (Freude)* über demselben Akkord, der schon dem *nicht* unterlegt war, und tilgt damit sowohl die Unterscheidung von Anrede und Aussage als auch, eine Seltenheit in Bachs Rezitativvertonung, die syntaktische Grenze zwischen den beiden Sätzen. Was eine freundschaftliche Kontaktaufnahme sein könnte, schrumpft zu einem flüchtig ausgestoßenen, halb übergangenen Gruß, wie ihn eben einer hervorbringt, der von Wichtigerem getrieben ist.

Für das, was der Engel den Hirten mitzuteilen hat, wählt Bach eine Redeweise, die souveränes Auftreten mit innerer Beteiligung am Geschehen verbindet und jeden Anflug inszenierter Feierlichkeit vermeidet. Die Verlautbarung der Botschaft selbst erfolgt zwar mit großartiger Gebärde, die im Hochton a' kulminiert und mit schnörkelloser Geradlinigkeit just die Grundtöne der zugrundeliegenden Dreiklangsfortschreitung ansteuert; doch das Gefälle seiner Rede ist unprätentiös und lebendig, unbeschwert von der Last überflüssiger Betonungen und, hurtig, wie sie in Achteln und Sechzehnteln ihre Worte hervorbringt, eher selbst von Freude erfaßt, als daß sie sich in ihrer Bekanntgabe gefiele. Auch ihr zweiter, direkter an die Hirten gerichteter Abschnitt, der doch nicht weniger als die alles umstürzende Wende im heilsgeschichtlichen Weltgang verkündet, wahrt überall die der natürlichen Sprache konforme, unaufdringliche Deklamation und flicht den Hinweis, es handle sich bei dem Neugeborenen um Christus, den Herrn, fast beiläufig zwischen die Angabe von Zeit und Ort der stattgefundenen Geburt ein. Nicht der Auftritt des Engels, soviel gibt die Komposition zu verstehen, markiert den Anbruch eines neuen Zeitalters - dieser hat sich vielmehr bereits anderwärts ereignet, und der Engel, wirklich nichts als ein Bote Gottes, setzt die Hirten lediglich auf dessen Spur.

Rezitative Nr. 16 und 20: „Und das habt zum Zeichen" / „Und alsobald war da bei dem Engel"

Überraschenderweise vertraut Bach die Nennung der Kennzeichen, anhand derer den Hirten, sollten sich diese denn vom Wahrheitsgehalt der Engelsbotschaft überzeugen wollen, die Identifikation des besagten Kindes gelingen soll, nicht mehr der Sopranstimme, sondern dem Evangelisten an – ein Indiz vielleicht, daß es Bach, inmitten eines Textes, den er insgesamt als Evangelium, nämlich als Botschaft Gottes, verstand, auf die Unterscheidung der einzelnen Boten nicht so sehr ankam. Bereits die Vertonung der ersten Engelsrede verlieh ja der Person ein überaus menschliches Gebaren, und so muß es eigentlich nicht wunder nehmen, wenn nun der Evangelist, als der berufene Berichterstatter des Heilswegs Gottes, das Amt des Engels übernimmt. Auszuschließen ist jedenfalls, daß es sich nur um einen Irrtum bei der Beschriftung der Gesangsstimme handeln könnte, denn Bach hat für Sopran und Tenor jederzeit unterschiedliche Schlüsselungen der Notensysteme verwendet. Das kleine Rezitativ Nr. 16 stellt zunächst, mit gewohnter Aufmerksamkeit für die deklamatorischen Erfordernisse, durch relativen Hochton auf betonter Zeit das Demonstrativum *das* heraus und setzt dann, nach dem als Achtelpause wiedergegebenen Doppelpunkt, wie bereits die Engelrede zuvor, in tiefer Lage an, der Ansprache an die Hirten einen raunenden, gegen die Öffentlichkeit sich abschirmenden Tonfall verleihend.

Satz 20 zeigt ein weiteres Mal, wie eng sich Bachs Vertonung des Evangelientextes an die Vorgehensweise eines versierten Erzählers anschließt. Im allgemeinen begegnet es äußerst selten, daß Bach die Gesangslinie durch eine Pause unterbricht, ohne daß im Text ein neuer Teilsatz oder wenigstens ein umfangreicherer Einschub begänne; hier indes sind die Angaben über Zeit (alsobald) und Ort (bei dem Engel) vom Subjekt des Satzes, welches doch in einer Aussage der Form „Da war …" notwendig das Zentrum des Interesses bildet, durch eine Lücke im Redevortrag abgetrennt. Bach zerlegt also den Sprechakt in zwei Abschnitte, deren erster dem Hörer genau das, worauf sich seine Erwartung richtet, noch vorenthält, um es später, nachdem er dessen Aufmerksamkeit durch diese Vertröstung geschärft hat, im zweiten umso wirkungsvoller bekanntzugeben. Statt nüchtern mitzuteilen, wer sich da in der Umgebung des Engels versammelt hatte, provoziert er zunächst die neugierige Frage danach, um seine Zuhörer die Antwort umso begieriger aufsaugen zu lassen. Dem Vorbild des Erzählers gehorcht die Vertonung schließlich auch darin, daß sie den Spannung aufbauenden Abschnitt in gedehnter Silbenfolge und mit zunächst kontinuierlich ansteigender Melodik gestaltet, während die Preisgabe des zuvor Verheimlichten in hohem Tempo und hoher Lage, wie eine plötzliche Entladung, erfolgt.

Rezitativ Nr. 30: „Und sie kamen eilend“

Eine Sonderstellung unter allen Evangeliumsrezitativen des Weihnachtsoratoriums nimmt der Satz Nr. 30 ein, weil in ihm der instrumentalen Baßstimme, anderwärts nur harmonische Stütze und Bezugspunkt der Gesangsstimme, durch die Aufnahme motivischer Elemente eine interpunktierende Funktion übertragen wird. Ausgangspunkt der Komposition ist ein relativ textreicher Lesungsabschnitt, der einen aus mehreren, zwar nicht unmittelbar aneinander anschließenden, wohl aber durch sachlichen Zusammenhang miteinander verknüpften Episoden bestehenden Ereignisablauf zum Gegenstand hat. Der Bericht gibt die Ereignisse lückenhaft wieder, und seine Wortwahl zeigt, daß er sich dessen bewußt ist. Teilt etwa der erste Satz das Eintreffen der Hirten an der Krippe mit und der zweite, daß jene, nachdem sie das Kind gesehen hatten, die Worte weitergaben, die der Engel zu ihnen geredet hatte, so impliziert diese Abfolge das Stattfinden eines mittleren, unerwähnt bleibenden Elements, auf welches das *da sie es aber* zurückverweist und das etwa als das halb ungläubige Bestaunen des Kindes durch die Hirten vorgestellt werden muß, die zu ihrer Verwunderung alles genauso antrafen, wie es ihnen vorhergesagt war. Ebenso muß der durch den dritten Satz getroffenen Feststellung, daß alle, denen die Botschaft der Hirten zu Ohren kam, sich darüber wunderten, der Vorgang der Verbreitung dieser Worte unter den Umstehenden, in der Nachbarschaft, im Dorf, vorausliegend gedacht werden. Der vierte Satz wiederum, der die Aufnahme beschreibt, welche die Botschaft der Hirten bei der Mutter des Kindes fand, setzt durch seine Gegenüberstellung einen vorausgehenden Richtungswechsel des zuerst auf die Hirten ausgerichteten Blickes zu Maria hin voraus. Sämtliche vom Text gemachten Elisionen füllt nun die Komposition mit einer absteigenden siebentönigen Figur in der Baßstimme, welche, gleichsam als Abstandhalterin, verhindert, daß die teils zeitliche, teils gedankliche Zäsur, welche in Wahrheit die im Bericht wiedergegebenen Elemente des Geschehens voneinander trennt, durch den unaufgehaltenen Fortgang der Rede aus dem Bewußtsein gerate, und die durch ihre modulatorische Tendenz zugleich jedem Berichtsabschnitt einen eigenen tonartlichen Raum zuteilt. Bei dem einzigen textlichen Anschluß, der nicht als diskontinuierliche Sukzession, sondern als Perspektivenwechsel bestimmt ist, jenem nämlich, mit dem sich der letzte Satz Maria zuwendet, unterbleibt die Baßfigur; stattdessen erscheint sie noch einmal innerhalb des letzten Kompositionsabschnitts an der Nahtstelle zwischen den Aussagen, daß Maria sich die Worte der Hirten eingeprägt und daß sie diese in ihrem Herzen bewegt habe – auch hier also eine Distanz andeutend, welche das Erwägen gegenüber dem bloßen Auffassen und Behalten als eine Zeit in Anspruch nehmende geistige Arbeit spürbar werden läßt.

Auch im Detail weist die Komposition eine Reihe höchst bemerkenswerter Augenblicke auf. Schon die Eröffnung ignoriert souverän das Cliché barocker Illustratorik: Den Erzähler, wie Bach ihn auftreten läßt, treibt nicht die mindeste Eile, während er vom eilenden Eintreffen der Hirten berichtet, vielmehr setzt er seine Worte geruhsam, in fast provozierend breiten Achteln, lediglich die beiden ersten, unwichtigen, in einem nachlässigen Auftakt zusammenfassend; ja er fügt sogar, bevor er fortfährt, vor dem *und* eine Pause ein, als wolle er nach dem spannungserzeugenden Aufstieg der Gesangslinie zum Hochton a' seine Zuhörer einen Augenblick lang der Ungewißheit darüber ausliefern, ob sich die Voraussage des Engels bewahrheiten würde. Im weiteren Verlauf geht die Vertonung zunächst zu einem Vortrag über, welcher mit einer lockeren Folge von Achteln und Sechzehnteln und in weicher melodischer Bewegung dem natürlichen Gefälle des Sprechens korrespondiert. Dort aber, wo der Bericht die Ebene bloßer Ereignishaftigkeit verläßt und sich den Wirkungen zuwendet, die das Geschehen in Geist und Seele der damit in Berührung gekommenen Menschen hinterließ, verbreitert sich der Redefluß wieder zu feierlicher Bedeutsamkeit, lotet extreme Tiefe aus und schnellt sogleich wieder in exaltierte Höhen empor, wie eben einer spricht, der, Unerhörtes mitteilend, zugleich selber von diesem Unerhörten berührt ist. Ein zweites Mal verlangt die Komposition dem Evangelisten eine signifikante Verlangsamung seines Vortrags ab, nämlich im letzten Abschnitt des Rezitativs, wo der Text auf die unverwandte Beschäftigung Marias mit jener Botschaft der Hirten zu sprechen kommt, die bei den anderen nur Verwunderung auslöste. Das dreimalige Insistieren der Gesangsstimme auf dem eis', das durch den Wechsel des Baßtons doch unversehens seine Bedeutung verändert; das zähe Beharren noch der unwichtigsten Silbe auf der ungeschmälerten Breite des Achtels sowie die anschließende quälerische Emporführung zum gis' schildern eindringlich den Zustand eines Menschen, der von einem ihm unbegreiflichen Gedanken in den Bann genommen ist.

Rezitativ Nr. 34: „Und die Hirten kehrten wieder um"

Im Rezitativ Nr. 34, dem letzten in der eigentlichen Weihnachtserzählung, begegnen ein weiteres Mal die Standards bachscher Prosavertonung. Die erste Aussage, *Und die Hirten kehrten wieder um*, kleidet die Musik in einen absteigenden melodischen Bogen über beharrendem Baßton e, der, von der Tonika ausgehend, in seiner Mitte den Septakkord über dem Leitton streift, um sich sogleich zur Tonika zurückzuwenden. Die innere Abgeschlossenheit der Mitteilung spiegelt sich in der Abgeschlossenheit der melodischen und harmonischen Formgebung. Abgetrennt durch eine Viertelpause, schließt sich dann, gleichsam als eigenständiger gedanklicher Zusammenhang, die zweite Aussage an, die, mit der ersten durch das übereinstimmende grammatische Subjekt lediglich formal verknüpft, dem Sinne nach nicht mehr von den Hirten, sondern von der an diesen sich erweisenden Bewahrheitung der Voraussage des Engels handelt. Das Preisen und Loben der Hirten gibt die in Töne gesetzte Rede in klanglicher Anlehnung an den wirklichen Vorgang wieder, wie anschauliches Erzählen dies mitunter zu tun pflegt. Die Stimme ist erhoben, die Silbenfolge rasch und undifferenziert, die Melodik kunstlos; denn das noch unverarbeitete Glücksempfinden einfacher Menschen ergießt sich nicht in wohlgesetzte Worte. Im selben Augenblick aber, als die Syntax unübersichtlich zu werden beginnt, beendet die Komposition sogleich ihren Ausflug ins Illustrative und stellt sich vorbehaltlos in den Dienst sprachgliedernder Verständigung. Die kausative Bestimmung *um alles* trennt sie durch Sechzehntelpause von dem Akkusativobjekt *Gott* ab, unterdrückt hingegen die regulär zu erwartende Pause am Beginn des Relativsatzes, geht sogar mit eiligem Sechzehntel über das Relativpronomen hinweg und spannt jenen in allmählich aufsteigender Melodik durch bis an seinen Schluß. Die Raffinesse dieser rhythmisch festgelegten Deklamation wird leicht entdecken, wer den Versuch unternimmt, sich den Textabschnitt in umgekehrter Aufteilung: mit Pause vor dem Relativsatz und ohne jene zwischen *Gott* und *um alles* vorzusprechen: er wird dann rasch bemerken, daß er nun ganz gegen seine Absicht behauptet, die Hirten hätten Gott um alles gelobt, und daß sein Relativsatz keinen rechten Anknüpfungspunkt mehr findet. Den semantisch inkorrekt und grammatisch unsauber angeschlossenen Nachsatz *wie denn zu ihnen gesaget war* stückt Bach in neuer Tonart wie ein Postscriptum an, die erst noch vorzunehmende Zuordnung dieser Bemerkung durch ihre Isolation vom Rest des Satzes wenigstens problematisierend.

Rezitativ Nr. 37: „Und da acht Tage um waren"

Das einzige Evangelienrezitativ der vierten Kantate hat die Namensgebung des Mariensohns zum Gegenstand; es ist zugleich der letzte Textabschnitt, den das Weihnachtsoratorium dem Lukasevangelium entnimmt, während es für die Wiedergabe der bei Lukas nicht verzeichneten geschichtlichen Ereignisse, welche der 5. und 6. Kantate zugrundeliegen, auf das Matthäusevangelium zurückgreift. Die dürre und trotzdem umständlich formulierte Mitteilung, die mit ihren zahlreichen Bezugnahmen auf Zeitpunkt (acht Tage nach der Geburt), Grund der Wahl des Zeitpunkts (Beschneidung), Autorschaft der Namensgebung (der Engel) und Zeitpunkt der Ausübung dieser Autorschaft (vor der Empfängnis) an eine amtliche Verlautbarung oder einen Eintrag im Melderegister erinnert, bietet denkbar wenige Ansatzpunkte für einen das Interesse des Zuhörers fesselnden Vortrag in gesprochener Rede und stellt daher auch für die Vertonung eine besondere Herausforderung dar. Bach trennt die fünf Glieder des Satzes durch Pausen voneinander ab und folgt bei der rhythmischen Gestaltung der Gesangsstimme ganz überwiegend den Vorgaben der sprachlichen Metrik. Allerdings fällt auf, daß innerhalb des ersten Teilsatzes *Und da acht Tage um waren* dem Zahlwort *acht* und dem hier als adverbiale Ergänzung gebrauchten *um* (=vorüber) ein geringerer Akzent zugeteilt wird als dem Substantiv *Tage* und der temporalen Konjunktion *da*, während doch die Aussage nicht von einem Unterschied zwischen Tagen und Monaten, sondern von dem Faktum handelt, daß eine bestimmte Frist verstrichen war: „Und da acht Tage **um** waren." Deklamatorisch bedeutsam ist ferner die auf den doppelten Wert des gewöhnlichen verlängerte Pause hinter dem Namen *Jesus*, zumal da der sich anschließende Relativsatz (*welcher genennet war*) sich durch seinen daktylischen Kopf einem unmittelbaren Anschluß ja keineswegs widersetzt hätte. Es scheint also Bach darauf angekommen zu sein, durch ein Innehalten nach der Nennung des Namens diesen in besonderer Weise herauszustellen und dem Hörer des Berichts einen Augenblick Zeit zu verschaffen, ihn sich einzuprägen.

Ihr Hauptaugenmerk wendet die Komposition indes der melodischen Gestaltung zu. Diese überwölbt den unbeholfenen Satz mit einem weitausgespannten Bogen, dessen Scheitelpunkt wie durch eine glückliche Fügung mit dem Namen *Jesus* zusammenfällt und dessen gravitätische Bewegung den Vorgang aus dem Kontext des Aktenwesens und der Schreibstube in eine Aura entrückter Feierlichkeit hinaushebt. Sein Grandioses erwächst diesem Bogen dabei aus der Tatsache, daß er mehr als drei Takte hindurch sich beinahe unbemerkt, aber doch spürbar auf den Säulen eines C-Dur-Dreiklangs errichtet, um dann am entscheidenden Punkt: dort, wo der Name fällt, aus diesem herauszutreten. Einsetzend mit der Quinte g, erreicht der melodische Gang bereits bei dem Wort *Tage* den Grundton c', berührt kurz die Terz e', um dann zunächst einen Takt lang in einem von dem Ton d' dominierten Übergangsstadium zu verweilen, erreicht beim Wort *würde* endgültig das e', schreitet jedoch zügig zur oberen Quinte g' weiter und führt dann kurz darauf durch seinen Eintritt in das mit dem C-Dur-Dreiklang unvereinbare a' notwendig einen Akkordwechsel herbei. Da die melodische Anlage das Zusammentreffen der Dreiklangstöne mit sowohl metrisch als auch rhythmisch betonten Punkten innerhalb der melodischen Textur vermeidet und stattdessen ihr Gezelt an nur mäßig exponierten Orten verankert – außer der Terz bei *würde* tritt keiner der Dreiklangstöne auf betonter Zeit ein – bildet der Dreiklang zwar das Gerüst der melodischen Konstruktion, tritt jedoch als melodisches Element nicht vernehmlich in Erscheinung und lenkt so aus dem Hintergrund unmerklich den Spannungsaufbau der Phrase, um sich erst dort zu offenbaren, wo, im Akkordwechsel nach F-Dur, seine Funktion bereits erfüllt ist. Bach also integriert das trockene Datendeutsch des Bibelverses in einen feierlichen Aufzug zur Ausrufung des Namens Jesus, bei welchem, wie die Unachtsamkeiten der Wortvertonung zeigen, es nicht auf das einzelne Wort, sondern auf das Zeremoniell ankommt. Und wie alles, was der Namensgebung vorausgeht, dem Namen nur die Bühne bereitet, so errichtet alles, was ihr folgt, nur die Pforte, durch die er wieder abgeht: inhaltlich ohnehin nur ein erinnernder Verweis auf eine frühere Textstelle, musikalisch die Fortführung des Bogens von seinem Scheitel hinab bis in die Nähe seines Ausgangspunkts. In komponierter Form betreibt das ganze Rezitativ ausschließlich die Inthronisierung des Namens *Jesus*, und alle Nebenmitteilungen des Textes beugt es, ihre Eigenbedeutung entwertend, unter deren Dienst.

Rezitativ Nr. 44: „Da Jesus geboren war zu Bethlehem“

Da das Lukasevangelium die Episode der Weisen aus dem Morgenlande nicht enthält, läßt sich das Weihnachtsoratorium die unmittelbar auf die Namensgebung folgenden Begebenheiten der Weihnachtsgeschichte durch das Evangelium des Matthäus berichten. Diesem wiederum fehlt allerdings fast die gesamte Darstellung der Geburt und ihrer Umstände, so daß es, nachdem es die Vorgeschichte vor allem als eine rätselhafte Jungfrauenschwangerschaft dargestellt hat, die schließlich durch das Wort eines Engels und das Zitat eines Propheten ihre Aufklärung findet, seinem Bericht über den Besuch der Weisen bei dem kleinen Jesuskind einen Nachtrag vorausschicken muß, der in geraffter Form über die stattgefundene Geburt informiert. Für die Dramaturgie des Oratoriums kam eine solche Rückblende, da sie ja keinen zusätzlichen Erkenntnisgewinn mit sich führt, natürlich ungelegen, und so unternimmt Bach den Versuch, durch die bogenförmige Anlage des Rezitativs Nr. 44 die erneute Anzeige der Geburt direkt auf die Mitteilung vom Eintreffen der Weisen in Jerusalem zu beziehen und die bereits bekannten Hinweise auf die Zeit, den Namen des Geburtsortes und den Distrikt, in dem dieser gelegen ist, durch tonartliche Parenthesenbildung gleichsam auszuklammern. Takt 5 des Rezitativs knüpft, bei einem Wechsel von der Moll- zur Durterz, mit seiner Dreiklangsbewegung über dem Grundton fis unmittelbar am Ende der ersten Phrase in Takt 2 an, wohingegen der dazwischengeschobene Gang nach E-Dur gerade durch die unvermittelte Rückkehr nach Fis als Sackgasse erscheint. Allerdings konterkariert Bach hier sein eigenes Unterfangen durch die gewohnt gewissenhafte Deklamation, welche die Zeit- und Ortsangabe säuberlich voneinander abhebt und das an dieser Stelle doch eher floskelhaft gebrauchte *Siehe* unnötigerweise mit pointiert deiktischer Gebärde herausstellt. Was der Brückenschlag übergehen wollte, schiebt sich durch die schiere Sorgfalt von Bachs Textbehandlung plötzlich doch wieder in den Vordergrund.

Rezitativ Nr. 48: „Da das der König Herodes hörte“

Es versteht sich, daß in dem kurzen Rezitativ Nr. 48 das Moment des Erschreckens den Mittelpunkt der Aufmerksamkeit einnimmt. Bachs Vertonung, stets um einen plastischen, der Anschaulichmachung des Inhalts verpflichteten Erzählstil bemüht, läßt hier den Gesang das ja wahrscheinlich selber als sprachliches vorzustellende Ereignis durch jähen Sextsprung aufwärts zum a' sprachmelodisch nachbilden, und versetzt seinen Erzähler überdies in die Lage, durch das doppelte Verharren auf dem als verminderte Sept über dem Baß grell dissonant angelegten Hochton bei seinen Zuhörern die gespannte Neugier zu erzeugen, wie Herodes auf diesen Schreck wohl reagiert haben mochte. Die Befriedigung dieser Neugierde bleibt die Kantate bis zum nächsten Evangeliumsrezitativ schuldig; die Komposition weiß dies, und sie spielt damit. Einen Augenblick verweilt sie in der Spannung, hält ein Achtel lang inne und läßt diese dann, mit der schrittweise nach unten eingeleiteten Auflösung der Dissonanz, in sich zusammensinken, ohne noch ein Wort über Herodes zu verlieren. Daß „das ganze Jerusalem“ den Schreck des Herodes geteilt habe, war die Nachricht ja nicht, welcher der Hörer der Erzählung entgegenfieberte. Dasselbe Gespür für die Kunst erzählender Rede beweist die Vertonung indes schon darin, wie sie das Wort vom Erschrecken musikalisch vorbereitet. Wie stets, wenn die Begierde auf das Eintreffen einer bestimmten Mitteilung gesteigert werden soll, verlangsamt die auf diese Mitteilung hinsteuernde Rede ihren Fluß, da mit der Bekanntgabe der Nachricht der Zustand der Erwartung ja notwendig abbricht. Selbst unbedeutende Wörter werden musikalisch durch volle Achtel wiedergegeben, Betonungen werden zugunsten des allmählich ansteigenden sprachmelodischen Spannungsbogens abgeflacht. Der Akkordwechsel beim Wort *hörte* eröffnet dann eine harmonische Bewegung, die, in Übereinstimmung sowohl mit der grammatischen Funktion als auch mit der Aussage des den Ausdruck der Gleichzeitigkeit zweier Ereignisse vorbereitenden temporalen Nebensatzes, eine unmittelbare Fortführung erwarten läßt. Diese erfolgt allerdings erst nach einem doppelpunktähnlichen Stau von der Dauer einer Achtelpause und mit einer harmonisch überraschenden Drehung vom A-Dur-Dreiklang zum verminderten Septakkord über dem Leitton von cis-Moll, in dem der vormalige Grundton sich unversehens als Dissonanz wiederfindet. Alle Möglichkeiten virtuoser Erzählkunst sind in diesem dreitaktigen Rezitativ ausgeschöpft: kluger, auf das Hauptereignis hin gerichteter, von einem Moment der Irreleitung begleiteter Spannungsaufbau, exponierte und überraschende Präsentation dieses Hauptereignisses, Aufrechterhaltung der Spannung über dasselbe hinaus, um die Aufmerksamkeit des Zuhörers für den Fortgang des Geschehens wachzuhalten, und vorübergehende Vertröstung der Erwartung durch Hinwendung zu einem Nebenschauplatz.

Rezitativ Nr. 50: „Und ließ versammeln alle Hohenpriester"

Dem Rezitativ Nr. 50 haftet die Besonderheit an, durch das Schriftzitat aus dem Propheten Micha eine umfangreiche Textpassage einzuschließen, die zwar vom Berichterstatter vorgetragen wird, für die aber weder ihm noch einer der agierenden Personen die Autorschaft zukommt; sie ist also nicht Rede, sondern Lesung. Bach hat konsequenterweise diesen Textabschnitt gegen den sonst in seinen Rezitativen herrschenden Erzählton abgesetzt und das Schriftzitat als Arioso vertont, so daß der Gesamtsatz zweiteilig erscheint. Das Arioso als solches ist seiner Natur nach zwar nicht frei von jeglicher Orientierung an gesprochener Sprache – so gibt es darin z. B. keine Wortwiederholungen, wie sie die Arie praktiziert, und die Gliederung der Gesangsstimme folgt weitgehend dem syntaktischen Aufbau des Textes -, doch treten innermusikalische Organisationsformen, insbesondere imitatorische Bezüge innerhalb der Gesangsstimme und die strukturbildende Verflechtung von Vokal- und Instrumentalpart, so bestimmend in den Vordergrund, daß seine Betrachtung unter den Kategorien der Rezitativvertonung nicht angemessen sein kann. Ein beredtes Beispiel für die Differenz von Arioso und Rezitativ liefern gleich die beiden ersten Phräschen des Sängers, die Bach als leicht variierte Sequenz gestaltet, obwohl ihre Textgrundlage nach Metrik und Silbenzahl deutlich voneinander abweicht. Löst Bach im Bereich der auftaktigen Quarte die Silbenvermehrung von *Und du* zu *im jüdischen* durch Teilung der Notenwerte, wie sie auch das Rezitativ vornehmen könnte, so wendet er, um den Gleichklang auch im Bereich der abtaktigen fallenden Sekund herzustellen, mit der Verteilung der ersten Silbe des Wortes *Lande* auf zwei unterschiedliche Töne eine exklusiv ariose Technik an. Auch entspringt die steigende Sequenz bei den Worten *denn aus dir soll mir kommen der Herzog* mit ihrer Augmentation auf dem dritten Glied durchaus einem rhetorischen Impuls, insofern als ein inhaltsgerechter Textvortrag an dieser Stelle einen durchgängigen, zum anschließenden Relativsatz weiterleitenden und zu diesem Zweck den Artikel des Wortes *Herzog* in ein Demonstrativum umformenden Spannungsaufbau geraten erscheinen läßt; doch setzt sie dafür eben nicht sprachliche, sondern spezifisch musikalische Mittel ein, die, wie etwa die Dehnungen auf dem Wort *soll* und auf der Nachsilbe des Wortes *kommen*, zum Teil sogar zu ausgesprochen sprachwidrigen Bildungen führen.

Der dem Arioso vorausgehende rezitativische Abschnitt besteht aus zwei syntaktischen Komplexen, deren erster den König Herodes, deren zweiter hingegen jene Hohenpriester und Schriftgelehrten zum Subjekt hat, die im ersten das Objekt bilden. Der erste der beiden Sätze gliedert sich in drei syntaktische Untereinheiten, denen aber nur zwei unterschiedliche Prädikationen entsprechen: (Herodes) ließ versammeln (...) und erforschete. Bachs Komposition entwickelt nun ein einfaches, aber einprägsames harmonisches Modell, das sich als Fortschreitung von der Grundstellung eines Durdreiklangs über den Septakkord der darunterliegenden Skalenstufe zum Sextakkord des Ausgangsdreiklangs bestimmt, und appliziert dieses so auf den vorzutragenden Text, daß die erste Prädikation mit seinem Ablauf auf der Basis des E-Dur-Dreiklangs, die zweite aber mit seinem Ablauf auf der Basis des A-Dur-Dreiklangs übereinstimmt. Auch der erste Hauptsatz der folgenden Syntax bewegt sich, diesmal vom D-Dur-Dreiklang ausgehend, nocheinmal über demselben harmonischen Modell. Dank der einheitssichernden Wirkung dieser Grundstruktur, kann die Textvertonung nun den an der Oberfläche liegenden syntaktischen und deklamatorischen Gegebenheiten Rechnung tragen, ohne die Überschaubarkeit der inhaltlichen Zusammenhänge zu gefährden. So faßt sie die erste Aussage *Und ließ versammeln* (...) straff in einem einzigen Zug zusammen, unterbricht aber die zweite am Beginn des Relativsatzes, den sie in teils stark verbreiterten Notenwerten wiedergibt, und löst gar die Antwort der Schriftgelehrten sowie ihre Ankündigung seitens des Evangelisten in mehrere Gruppen von wenigen Silben auf. Im Bereich der eigentlichen Wortvertonung ist zunächst zu beachten, wie Bach einerseits den metrischen Erfordernissen der Sprache Folge leistet, andererseits sprachliche Zusammenhänge durch deren Integration in einen übergreifenden, sinnfälligen Gesamtplan auf musikalischem Wege wiederum noch zu verdeutlichen versteht. Im ersten syntaktischen Abschnitt des Rezitativs entfallen die Hochtöne auf die jeweils ersten Silben der Wörter *Hohepriester*, *Schriftgelehrten* und *unter* (dem Volk); alle übrigen Betonungen werden durch ihre Verortung auf betonter Taktzeit befriedigt, wobei das Wort *alle* durch relative Höhe und betonte Zeit leicht hervorgehoben, die jeweils zweiten Bestandteile der Komposita *Hohepriester* und *Schriftgelehrten* durch Tiefstellung dagegen leicht zurückgesetzt sind. Die Vertonung, die hier zur zusammenfassenden Darstellung drängt, vermeidet also Mehrfachakzentuierungen innerhalb desselben

Worts, die den Redefluß aufhalten könnten, ersinnt aber dennoch eine Möglichkeit, zu unterstreichen, daß es sich um *alle* Hohenpriester und Schriftgelehrten handelt. Überdies ordnet sie die Hochtöne ausgehend vom fis' der *Hohenpriester* über das e' der *Schriftgelehrten* bis zum d' von *unter* und seiner Mündung ins cis' beim Wort *Volk* zu einer absteigenden Tonleiter, welches das aus sieben Wörtern zusammengesetzte Akkusativobjekt des Satzes mit einer festen Klammer zusammengreift. In der zweiten Hälfte des Satzes wiederum, der in die Prädikation des Ausforschens und die Nennung des Gegenstandes solcher Wißbegierde zerfällt, verknüpft Bach beides durch den in aufwärtiger Bewegung vom a über cis' und e' zum g' und schließlich weiter zum a' durchschrittenen Dominantseptakkord zu einer stringenten Sinneinheit, bewahrt sich aber gleichwohl den nötigen Spielraum, um die Geburt Jesu als das dem ganzen Vorgang erst seine Bedeutung gebende Ereignis durch extreme Dehnung beider Silben des Wortes *Christus* und durch Hochton auf der Stammsilbe von *geboren* drastisch hervorzuheben. Gerade in der regelwidrigen Hinausführung der kleinen Septime g' zum darüberliegenden Akkordgrundton a' schwingt der Triumph einer Überwindung mit, der die geschilderte Nachstellung schon im Augenblick ihres Stattfindens als gescheitert denunziert.

Rezitativ Nr. 55: „Da berief Herodes die Weisen heimlich"

Herodes ist neben dem Engel aus Kantate 2 die einzige Figur, welche das Weihnachtsoratorium persönlich zu Wort kommen läßt. Das Rezitativ Nr. 55 schildert zunächst mit knappen Worten den Anlaß, der die Weisen vor den König führt, äußert sich über dessen Absicht und läßt diesen selbst dann den Auftrag formulieren, den er den Magiern auf ihren Weg nach Bethlehem mitgibt. Da alle Akteure aus den vorausgehenden Abschnitten des Berichts schon bekannt sind und daher keiner besonderen Aufmerksamkeit mehr bedürfen, kann sich die Vertonung auf die Herausarbeitung dessen konzentrieren, was das Spezifische der Begebenheit selbst ausmacht. *Berief* und *heimlich* sind dementsprechend die relativ betonten Wörter der ersten Phrase, zu denen sich das *erlernet* der zweiten gesellt, um gemeinsam das uneingestandene Interesse des Königs an dieser Begegnung zu verraten. Die wiedergegebene Frage *wann der Stern erschienen wäre* erscheint demgegenüber in die untere Mittellage, also gleichsam ins Nebensächliche, Untergeordnete abgesenkt – der musikalische Nachbau einer sprachlichen Praxis, die bei einem Gesprächspartner, der seine wahre Intention nicht preisgeben will, als durchaus gebräuchlich bezeichnet werden kann. Die folgende, nur fünf Takte umfassende Äußerung des Herodes ist ein Kleinod psychologisierender Redevertonung, dessen doppelsinnige Diktion erst in der Oper des 19. Jahrhunderts ihresgleichen findet. Unbefangen betrachtet, besteht die Einlassung des Herodes aus einem dreifachen Auftrag an die Magiern und einer Erläuterung des Grundes für den letzten. Die ersten beiden Aufträge sind wenig spektakulär, entsprechen sie doch präzise dem Vorhaben, um deswillen die Weisen ihre Reise überhaupt angetreten hatten: „Ziehet hin und forschet fleißig nach dem Kindlein". Nur der dritte, der die Berichterstattung an den König betrifft, geht über die eigene Absicht der Weisen hinaus und wird daher von Herodes mit einer Erklärung ausgestattet, welche seine Adressaten offenbar der Erfüllung dieses Auftrags geneigt machen soll. Ginge Bachs Vertonung hier nach dem Vorbild seiner anderen Rezitativkompositionen vor, so faßte sie die ersten beiden, syntaktisch durch das *und* verbundenen Imperative zu einer ununterbrochenen Phrase zusammen, deren rhythmisches und melodisches Profil, des geringen Aussagewertes wegen, eher flach ausgebildet wäre. Die weiteren Teilsätze wären, im Hinblick auf die Kommasetzung, durch Pausen voneinander getrennt, wobei der Aufforderung *sagt mirs wieder* und der angefügten Begründung sicher herausgehobene Aufmerksamkeit zugewandt würde. Die tatsächlich von Bach getroffene kompositorische Disposition hingegen verhält sich zu den Worten merkwürdig inkongruent. Nach einem flüchtig hingeworfenen *Ziehet hin* unterbricht sich Herodes für die außergewöhnlich lange Dauer von zwei Achteln, als gelte es, die folgenden Worte zu wägen oder als müsse er, was er den Weisen auftragen wollte, sich erst ins Gedächtnis zurückrufen. Das, was den Magiern nicht eigens gesagt werden müßte, deklamiert er dann Achtel für Achtel mit gespreizter Wichtigkeit, bei der sich unwillkürlich die Assoziation eines erhobenen Zeigefingers einstellt, während er, was doch sein eigentliches Anliegen sein müßte, eilig und nachlässig, gleichsam schon im Umdrehen über die Schulter gesprochen, hinterdreinruft. Umso aufgesetzter gebärdet sich die nach soviel ostentativer Beiläufigkeit ganz unangemessen erscheinende Begründung, die pompös die D-Dur-Kadenz ausmusiziert, um dann mit ins Lächerliche übertriebenem Zeremoniell ausgerechnet auf der Nachsilbe des letzten Wortes eine gewichtige Appogiatur anzubringen. In der komponierten Form also passen der performative Auftritt und der Inhalt der Rede des Königs nicht zusammen: Herodes zögert, wo nichts zu zögern ist, trägt auf, wo er Selbstverständlichkeiten vorbringt, verkehrt das Bedeutende ins Unscheinbare und unterstreicht das Hervorzuhebende mit so plumper Hand, daß die entstehende Mißgestalt Zweifel an der Wahrhaftigkeit seiner Absicht aufkommen läßt. Zweifel zu nähren scheint denn auch das Hauptanliegen der Vertonung zu sein; denn Bach meidet sorgfältig die Nähe zur Karikatur und überschreitet an keiner Stelle die Grenze, an welcher Zweideutigkeit in offenbare Verstellung umschlüge. Ob das merkwürdige Sprechgebaren des Königs das Resultat kalkulierter Arglosigkeit oder aber der Spiegel seines halb mißlungenen Bemühens ist, gegenüber den Weisen unverdächtig zu erscheinen, bleibt mit Bedacht im Unbestimmbaren. Der veranstaltete Anschein von Natürlichkeit und der Reflex wirklicher sprachlicher Verlegenheit liegen unentscheidbar nebeneinander. Die lange Pause nach dem *Ziehet hin* kann eine listig eingebaute Kunstpause, sie kann aber ebensogut dem Bedürfnis des in Bedrängnis geratenen Redners geschuldet sein, Zeit zu gewinnen. Bachs Vertonung reißt dem König nicht die Maske vom Gesicht, sie macht ihn nur suspekt und schafft damit die Voraussetzung, vor deren Hintergrund die spätere Entscheidung der Weisen, sich der erwünschten Berichterstattung zu entziehen, nachvollziehbar erscheint. Noch Mozart hat nicht wieder vermocht, verlogenes Sprechen so diskret durch die kompositorische Organisation innerer Unstimmigkeit seiner Unaufrichtigkeit zu überführen.

Rezitativ Nr. 58: „Da sie nun den König gehöret hatten, zogen sie hin“

In dem recht textreichen Rezitativ Nr. 58 stellt sich die Vertonung wieder hauptsächlich in den Dienst eines erzählerisch lebendigen und inhaltlich wohlgegliederten Redevortrags. Dabei hatte die Komposition von drei unterschiedlich langen syntaktischen Einheiten auszugehen, deren Abmessungen weder den Einheiten der geschilderten Handlung noch der Verseinteilung des Evangeliums korrespondieren. Inhaltlich bilden die ersten beiden Sätze, die Vers 9 des 2. Kapitels entsprechen, einen Zusammenhang, der die Reise der Weisen von ihrem Aufbruch aus Jerusalem bis zu ihrer Ankunft in Bethlehem umfaßt. Demgegenüber verknüpft der dritte Satz eine Vielzahl unterschiedlicher Handlungselemente, die in erster Linie auf der Ebene der zeitlichen Sukzession miteinander verbunden sind und die die Syntax daher, mangels spezifischerer Bezüge, durch sechsfachen Einsatz der Konjunktion *und* aneinander anschließt. Überraschenderweise scheint sich Bachs Komposition hier strikt auf die Seite der Syntax zu schlagen, bildet sie doch deren Gliederung sowohl im Bereich der harmonischen als auch in jenem der rhythmischen Strukturen willfährig nach. Auffällig sind die pausengefolgten Viertelnoten in T. 2 und T. 7, die jeweils auf das letzte Wort der Syntax entfallen und tiefe Einschnitte in den Textvortrag vornehmen. Weniger offensichtlich, aber kaum weniger wirksam für die Strukturierung der gehörsmäßig wahrgenommenen Erscheinung dürfte allerdings die Tatsache sein, daß Bach jeden der drei grammatischen Sätze mit einem eigenen, dem Organisationsverfahren nach unterschiedenen harmonischen Prozeß unterlegt, von denen besonders der mittlere durch seine dramatisch absteigende, wiederholt als Sekundakkord mit zugehöriger Auflösung harmonisierte Baßlinie einen starken einheitsstiftenden Effekt entfaltet. Der Bereich des ersten Satzes ist zu kurz, um einen bestimmten Bauplan erkennbar zu machen, hebt sich aber von dem zweiten dadurch ab, daß das dort wirksame Prinzip hier noch keine Anwendung findet, während im Bereich des vielgliedrigen dritten Satzes breit gelagerte, unterschiedene Akkordbänke das asyndetisch berichtete Geschehen in vier Handlungsabschnitte zusammenfaßt. Mag sich auch dieses Prinzip der harmonischen Organisation nicht ohne weiteres der Gehörserfassung erschließen, so kann doch kein Zweifel bestehen, daß gegenüber dem stringenten Fortschreitungsverfahren, welches den zweiten Satz begleitet, die ausgedehnten akkordlichen Flächen des dritten, wo die Gesangsstimme anderthalb, ja zweieinhalb Takte über demselben dissonanzfreien, nur gegen sein Ende hin auf den folgenden sich zuspitzenden Klang rezitiert, als Veränderung der kompositorischen Modalität erlebt und ihre ordnende Maßgabe, die die freudige Entdeckung des Leitsterns über A-Dur, den Eintritt in das Haus und das Antreffen der darin sich aufhaltenden Personen über D-Dur, die Anbetung des Kindes über H-Dur und die Gabendarbringung über einer abschließenden G-Dur-Kadenz stattfinden läßt, unwillkürlich nachvollzogen werden.

Stimmt aber auch der kompositorische Bauplan dieses Rezitativs weitenteils mit den syntaktischen Gegebenheiten überein, so ist es doch keineswegs vorwiegend deren Interesse, welches er bedient. Wie die Musik in den dritten Satz eine inhaltliche Gliederung einträgt, welche auf der sprachlichen Ebene nicht vorhanden ist, wurde bereits dargestellt. Der vorausgehende Kompositionsabschnitt indessen gehorcht vor allem erzählerischen Kategorien, deren Forderungen hier nur zufällig mit den grammatischen Vorgaben kongruieren. So setzt etwa die Vertonung des ersten Satzes mit ihrer späten, aus einem stehenden fis-Moll-Dreiklang sich abkehrenden Wendung nach cis-Moll und der zum Satzende hin sich hebenden Gesangsstimme zu einer sich öffnenden Bewegung an, deren erwartete Fortführung durch die lange Schlußnote und die folgende Pause zunächst versagt bleibt. Bachs Erzähler schickt die Weisen gleichsam auf die Reise und blickt ihnen eine Zeit ins Ungewisse hinterher. Wo er den Faden der Erzählung wieder aufgreift, ist diese jedoch nicht sogleich mit dem nächsten Ereignis zur Hand, sondern verzögert dessen Mitteilung durch die Einfügung eines deiktischen *Und siehe*, welches Bach spannungsgeladen auf dem Hochton gis’ über dissonantem, also auflösungserzwingendem Akkord musizieren läßt. Noch ward nicht verraten, was da zu sehen wäre, der Erzähler weiß es allein; und erst, nachdem sich die Blicke der erwartungsvollen Zuhörer gleichsam an die der erstaunten Weisen angeheftet haben, gibt dieser die wundersame Begebenheit preis, welche da geschah: der Stern, dem sie schon auf ihrem Weg nach Jerusalem gefolgt waren, weist ihnen erneut den Weg. Die Neuigkeit ist aber noch nicht ganz ausgesprochen, als sich der Erzähler schon wieder unterbricht, um dann, wie ein Augenzeuge, was er erlebt Schritt für Schritt mitzuteilen: Der Stern – „ging für ihnen hin“ – „bis daß er kam“ – „und stund oben über“ – „da das Kindlein war“. Sprachmetrisch wäre es ohne weiteres möglich gewesen, das *ging* gleich auf die erste Zählzeit von T. 5 zu placieren und ihm entsprechend eine Achtelnote zuzumessen.

Auch hätte die Note des Wortes *kam* auf ein Achtel verkürzt und das *und* sofort angeschlossen werden können, wie Bach gewöhnlich bei Satzgliedern verfährt, die mit der Konjunktion *und* verbunden sind. Wenn Bach sich gleichwohl dafür entscheidet, die Schilderung an dieser Stelle in kleinste Handlungselemente aufzulösen, so folgt er damit unverkennbar der erzählerischen Gepflogenheit, den Zuhörer an der erzählten Begebenheit lebhaft zu beteiligen, indem er diesem gleichsam Augen und Ohren der handelnden Personen einpflanzt und auf diese Weise zum Schein die Distanz aufhebt, welche die Funktion des Berichterstatters zwischen dem berichteten Geschehen und dem Empfänger des Berichts installiert. Der Erzähler kennt den Lauf der Dinge; den Weisen aber, denen die Geschichte widerfährt, enthüllt sich der Vorgang erst nach und nach: Sie entdecken den ihnen bekannten Stern – beobachten, daß er vor ihnen herzieht – bemerken sein Innehalten an einem ihnen zunächst noch unerklärlichen Ort – und finden sich plötzlich am Ziel. Für die Strecke Wegs von Jerusalem bis zum Stall von Bethlehem versetzt Bachs Evangelist seine Zuhörer unmittelbar in die Gesellschaft der Magier. Nicht zu unterschätzende Assistenz erhält er dabei von der Harmonik, die genau am Ende fast jedes Phräschens einen neuen, entweder dissonanten oder als Sextakkord instabilen Akkord anschlägt und damit den bald überraschten, bald erwartungsvollen Blick in eine jeweils neue Richtung lenkt. Selbst noch das Ausbleiben dieses Blickwechsels während des Zeitraums, in welchem die Weisen damit befaßt sind, dem Stillstand des Sternes nachzuforschen, findet harmonische Berücksichtigung, entfällt doch der Akkordwechsel am Ende der Gesangsphrase, die mit den Worten *und stund oben über* unterlegt ist. Dort aber, wo die Erzählung bekanntgibt, daß die Weisen angekommen waren *wo das Kindlein war*, erscheint der nun eintretende Dreiklang in Grundstellung – zum ersten Mal seit der Mitteilung über ihren Aufbruch aus Jerusalem: Der Pilgerweg der Weisen, vor allem aber die imaginäre Nachreise, die der Erzähler für sein Publikum veranstaltet, ist an ihr Ende gelangt.

Einer Betrachtung würdig soll schließlich noch der letzte Abschnitt des Rezitativs erachtet werden, der die Ehrbezeugung der Weisen für das Neugeborene und die Überreichung ihrer Gaben umfaßt. Luthers Übersetzung unterscheidet am Akt der Huldigung den Vorgang des Niederkniens von dem der Anbetung, wobei der erste als eine vom höflichen Umgang gebotene, der zweite aber als eine unerhörte, nämlich einem Gott vorbehaltene Geste zu gelten haben dürfte. Bachs Vertonung erwähnt das Niederknien eher beiläufig in sinkender melodischer Bewegung und fließender Diktion, um dann jedoch das Aufsehen, welches die Anbetung erheischt, durch fünf breite Achtel auf anfangs dissonantem Akkordton herauszuarbeiten, wo die Sprachmetrik (**be**teten es **an**) eigentlich drei unbetonte Silben zwischen zwei betonten verlangte. Die Darbringung der Geschenke ist dann wiederum aus der Sicht der Augenzeugen geschildert, der das Öffnen der Gefäße, also den Punkt, an dem alles noch Verheißung, aber diese in gedrängtester Aktualität gegenwärtig ist, als den Augenblick der höchsten Erregung empfindet und der sodann, nachdem diese beim Anblick der ersten gefüllt daraus zurückkehrenden Hand sich gelindert hat, mit sich steigerndem Entzücken die Reihe der Kostbarkeiten bestaunt. Dieses Erleben, nicht etwa die Bedeutung oder der Wert der Geschenke, bestimmen die Gestaltung des Melodieverlaufs, der, wie mit aufgerissenen Augen, dem Öffnen der Kisten und Truhen bis zum Hochton a' folgt und anschließend, in allmählichem Aufstieg von f' über fis' zu g', dem Sichauftürmen der Gaben zuzusehen. Daß es beim Gold allein nicht bleiben konnte, gibt der Erzähler durch die auflösungspflichtige kleine Sept über dem Grundton zu verstehen, daß es auch mit dem Weihrauch nicht sein Bewenden haben dürfte, durch den Leitton im Dominantseptakkord, der dann erwartungsgemäß in den die Vollzahl der Gaben anzeigenden Grundton beim Wort *Myrrhen* mündet.

Rezitativ Nr. 60: „Und Gott befahl ihnen im Traum"

Der Satz Nr. 60, mit dem das Weihnachtsoratorium die Lesung der biblischen Weihnachtsgeschichte abschließt, verfährt bei der Vertonung seines kurzen, nur einen einzigen Vers umfassenden Textes nach bewährter Weise. Teilsätze sind durch Pausen voneinander abgegrenzt, sprachliche Akzente durch rhythmische Länge, Hochton oder Verortung auf betontem Taktteil wiedergegeben. Der Befehlsakt Gottes und der Inhalt seiner Anordnung werden über demselben fortdauernden Baßton mitgeteilt, der Sinnzusammenhang zwischen Haupt- und Nebensatz somit auf harmonischer Ebene veranschaulicht. Auffälligerweise wechseln sich in diesem Rezitativ Rezitationsphrasen in hoher Lage mit solchen in tiefer Lage ab, wobei die Befehlshandlung und die Erfüllung des Befehls seitens der Magier in hoher, die Mitteilung des Befehlsinhaltes hingegen in tiefer Lage ausgeführt ist. Hier mag die Erwägung eine Rolle gespielt haben, daß unter erzählerischem Gesichtspunkt die Wiedergabe einer im Traum empfangenen Einflüsterung eine verhaltene Tongebung nahelegt, während der Befehlscharakter als solcher sowie die wünschenswerte Verdeutlichung des Zusammenhangs von Befehl und Gehorsam ein schärferes rhetorisches Profil angebracht erscheinen ließen. Damit stimmt überein, daß Bach der Stammsilbe des Wortes *befahl* mit einem Viertel die längste Dauer im gesamten Rezitativ zumißt und diesem durch Placierung auf schwerer Zeit noch erhöhten Gewicht mittels des ebenfalls akzentuiert gesetzten Hochtons gis' auf der ersten Silbe des Ausdrucks *andern Weg* ein Pendant erschafft. Die Abtrennung der letzten vier Wörter des Textes und ihre fallende, zum Grundton strebende Melodik hingegen dürften sich hauptsächlich aus dem Willen erklären, den Ausführungen des Berichterstatters einen gravitätischen Abschluß zu verleihen. Die Weihnachtsgeschichte, so soll bedeutet werden, ist mit dieser eher nebensächlichen Episode an ihrem Ende angekommen, eine Fortsetzung findet nicht statt. Zugleich aber ist aus diesem Rezitativ abzulesen, daß in Bachs Vertonung ein genügendes Maß an kompositorischer Virtuosität waltet, um, spielerisch gleichsam und im Nebenher, auch noch die Belange der Symbolik zu bedienen, obwohl jene in erster Linie Desideraten ganz anderer Natur verpflichtet ist. Bezieht sich nämlich die Harmonik der ersten drei Takte auf die Grundtonart e-Moll und scheint der auf e gegründete Dominantseptakkord bei den Worten *und zogen durch einen* eine Modulation ins benachbarte a-Moll einzuleiten, so vollzieht das beim Wort *andern* eintretende cis eine unvermittelte und im buchstäblichen Sinne abwegige Wendung in die dritte Oberquint, fis-Moll, die mit der Ausgangstonart des Rezitativs Nr. 44, jenes also, welches vom Aufbruch der Weisen aus dem Morgenland berichtet, übereinstimmt. Unvermutet also schlägt das Rezitativ Nr. 60, ganz nach dem Vorbild des Geschehens, von dem es berichtet, einen anderen Weg ein als erwartet, und wie die Magier der Weg Gottes, so trägt auch diese Modulation die Harmonik zurück zur heimatlichen Stätte.

KUNST-, MUSIK- UND THEATER-WISSENSCHAFT

Band 1 Hans Emons: Für Auge und Ohr: Musik als Film oder die Verwandlung von Kompositionen ins Licht-Spiel. 228 Seiten. ISBN 978-3-86596-019-1 (vergriffen, siehe Band 12 der Reihe)

Band 2 Hans Emons: Komplizenschaften. Zur Beziehung zwischen Musik und Kunst in der amerikanischen Moderne. 194 Seiten. ISBN 978-3-86596-106-8

Band 3 Calvin Scott: „Ich löse mich in tönen …“. Zur Intermedialität bei Stefan George und der Zweiten Wiener Schule. 166 Seiten. ISBN 978-3-86596-135-8

Band 4 David Greve: Status und Statue. Studien zu Leben und Werk des Florentiner Bildhauers Baccio Bandinelli. 480 Seiten. ISBN 978-3-86596-154-9

Band 5 Knut Andreas: Zwischen Musik und Politik. Der Komponist Paul Graener (1872–1944). Mit Werkverzeichnis und umfangreichem Quellenverzeichnis. 448 Seiten. ISBN 978-3-86596-189-1

Band 6 Hans Emons: Montage – Collage – Musik. 182 Seiten. ISBN 978-3-86596-207-2

Band 7 Rachel Mader: Beruf Künstlerin. Strategien, Konstruktionen und Kategorien am Beispiel Paris 1870–1900. 246 Seiten. ISBN 978-3-86596-230-0

Band 8 Leoš Janácek: Vollständige Harmonielehre, übersetzt und kommentiert von Kerstin Lücker. 526 Seiten. ISBN 978-3-86596-321-5

Band 9 Hans Emons: Sprache als Musik. 184 Seiten. ISBN 978-3-86596-327-7

Frank & Timme

Verlag für wissenschaftliche Literatur

KUNST-, MUSIK- UND THEATER-WISSENSCHAFT

Band 10 Michael Hoyer: Unbefangene Beobachtungen an Bachs Weihnachtsoratorium. 102 Seiten. ISBN 978-3-86596-390-1

Band 11 Christian Bunners: Johann Crüger (1598–1662) – Berliner Musiker und Kantor, lutherischer Lied- und Gesangbuchschöpfer. Aufsätze, Bildnisse, Textdokumente. 288 Seiten. ISBN 978-3-86596-371-0

Band 12 Hans Emons: Für Auge und Ohr: Musik als Film oder die Verwandlung von Kompositionen ins Licht-Spiel. 256 Seiten. 2. komplett überarbeitete und erweiterte Auflage. ISBN 978-3-86596-416-8

Band 13 Barbara Selmeci Castioni/Marion Uhlig (dir.): Saintes scènes. Théâtre et sainteté à la croisée du Moyen Âge et de la Modernité. 244 Seiten. ISBN 978-3-86596-412-0

Band 14 Hans Emons: Film – Musik – Moderne. Zur Geschichte einer wechselhaften Beziehung. 238 Seiten. ISBN 978-3-7329-0050-3

Band 15 Hans Emons: Musik in *Utopia*. Zur Klangwelt der Zukunftsvisionen. 184 Seiten. ISBN 978-3-7329-0193-7

F Frank & Timme

Verlag für wissenschaftliche Literatur